国家示范性中职院校工学结合一体化课程改革教材

Cangchu yu Peisong
仓 储 与 配 送

广西交通技师学院　　组织编审
谢毅松　罗莎　　　主　编
韦欣烜　王大昕　　副主编
　　　　关菲明　　　主　审

人民交通出版社股份有限公司
China Communications Press Co.,Ltd.

内 容 提 要

本书是国家示范性中职院校工学结合一体化课程改革教材,是按照"以工作过程为导向、以项目建设为载体"的教学模式,由广西交通技师学院组织本院专业教师编写而成的重点建设专业课程教材。本书知识点清晰,内容编排新颖,图文并茂,直观性强,通俗易懂。

本书内容包括:基本设备操作、仓储规划、货物入库、存储作业、出库作业、配送作业,共计 6 个学习项目。

本书供中等职业院校物流管理专业师生教学使用,亦可供物流管理相关技术人员学习参考。

图书在版编目(CIP)数据

仓储与配送 / 谢毅松,罗莎主编. —北京:人民交通出版社股份有限公司,2015.3
国家示范性中职院校工学结合一体化课程改革教材
ISBN 978-7-114-12098-5

Ⅰ.①仓… Ⅱ.①谢… ②罗… Ⅲ.①仓库管理—中等专业学校—教材②物资配送—物资管理—中等专业学校—教材 Ⅳ.①F253

中国版本图书馆 CIP 数据核字(2015)第 042339 号

国家示范性中职院校工学结合一体化课程改革教材

书　　名:	仓储与配送
著 作 者:	谢毅松　罗　莎
责任编辑:	闫东坡
出版发行:	人民交通出版社股份有限公司
地　　址:	(100011)北京市朝阳区安定门外外馆斜街 3 号
网　　址:	http://www.ccpress.com.cn
销售电话:	(010)59757973
总 经 销:	人民交通出版社股份有限公司发行部
经　　销:	各地新华书店
印　　刷:	北京交通印务有限公司
开　　本:	787×1092　1/16
印　　张:	10.5
字　　数:	223 千
版　　次:	2015 年 4 月　第 1 版
印　　次:	2021 年 8 月　第 3 次印刷
书　　号:	ISBN 978-7-114-12098-5
定　　价:	24.00 元

(有印刷、装订质量问题的图书由本公司负责调换)

国家示范性中职院校工学结合一体化课程改革教材编审委员会

主 任 委 员：罗　华　钟修仁
副主任委员：陆天云　关菲明　张健生　蒋　斌　谭劲涛
　　　　　　郑超文　赖　强　张　兵
委　　　员：樊海林　封桂炎　吴　红　李　毅　廖雄辉
　　　　　　杨　波　刘江华　梁　源　陆　佳　赖昭民
　　　　　　黄世叶　潘敏春　黄良奔　梁振华　周茂杰
　　　　　　韦军新　陆向华　谢毅松
丛 书 主 编：谢毅松
丛 书 主 审：封桂炎
本 书 主 编：谢毅松　罗　莎
本书副主编：韦欣烜　王大昕
本 书 主 审：关菲明

前言

随着我国汽车产业的迅速发展,汽车保有量快速攀升,汽车后市场空前繁荣,汽车维修行业面临机遇和挑战。目前,汽车维修行业专业人才紧缺现象日益突出,从业人员文化水平、业务知识、操作技能、环保意识、道德素养等方面亟待提高,迫切需要加强学习能力培养和职业技能训练。为此,广西交通技师学院在国家级中等职业教育改革发展示范学校建设过程中,依托校企合作、工学结合,根据汽车检测与维修、汽车钣金技术、汽车营销、物流管理四个重点建设专业培养方案,组织编写了这套国家示范性中职院校工学结合一体化课程改革教材。

本套教材由广西交通技师学院组织,通过校企合作的形式编写,是学校与保时捷、丰田、大众、现代等汽车公司以及北京史宾尼斯机电设备有限公司、北京运华天地科技有限公司深度校企合作成果的展示。在教材编写过程中,充分调研市场,认真总结课程改革与专业教学经验,按照"工学结合四对接"(学习过程对接工作过程、专业课程对接工作任务、课程内容对接岗位标准、顶岗实习对接就业岗位)的人才培养机制,以及"产训结合,能力递进"的人才培养模式;基于学校专业人才培养方案、教学过程监控与考核评价体系,兼顾企业典型工作项目、技术培训内容,贯穿企业"7S"(整理、整顿、清扫、清洁、素养、安全和节约)管理模式;从汽车维修企业岗位需求出发,相应组织和调整教材内容,力争体现汽车专业新知识、新技术、新工艺及新方法,满足培养学生成为"与企业零接轨、能力持续发展的高技能人才"的教学需要。

本套教材是广西交通技师学院重点建设专业课程改革教材,共计4个子系列、13种教材,包含了汽车检测与维修专业7种教材:《汽车检测与维修技术(初级学习领域一)》、《汽车检测与维修技术(初级学习领域二)》、《汽车检测与维修技术(中级学习领域一)》、《汽车检测与维修技术(中级学习领域二)》、《汽车检测与维修技术(高级学习领域一)》、《汽车检测与维修技术(高级学习领域二)》、《汽车电学基础》,汽车钣金技术专业2种教材:《汽车车身修复基础》、《汽车车身修复技术》,汽车营销专业2种教材:《二手车销售实务》、《汽车商务口语》,物流管理专业2种教材:《仓储与配送》、《运输实务管理》。教材内容编排新颖,知识点清晰,图文并茂,直观性强,通俗易懂。这些教材分则独立成卷,合则融为整体,主要供中等职业院校汽车类专业教学使用,也可供汽车维修行业相关技术人员学习参考用。

  《仓储与配送》由广西交通技师学院汽车营销专业教师编写，具体分工如下：学习项目 1 由黄建明、梁志芬编写；学习项目 2 由王大昕、曾远荣编写；学习项目 3 由李静懿、廖婵编写；学习项目 4 由黄泳霖、张勇编写；学习项目 5 由罗莎、谢毅松编写 ；学习项目 6 由韦欣烜、文桂勇编写；全书由谢毅松、罗莎担任主编，关菲明担任主审。

  本套教材编写还得到了中国汽车工程学会汽车运用与服务分会、广西物流与采购联合会、南宁市物流协会以及其他兄弟院校的支持与帮助，在此致以诚挚的谢意！由于时间仓促，加之我们的经验和学识方面的欠缺，书中难免存在着诸多不足之处，恳请从事职业教育理论研究和汽车相关专业教学的各位同仁不吝赐教、代为斧正，我们期待着你们对我们不懈追求的支持，也诚望大家批评和指正。

教材编审委员会
2014 年 9 月

目　　录

学习项目1　基本设备操作 ··· 1
　学习任务1　手动液压搬运车操作 ····································· 1
　学习任务2　堆高车操作 ··· 6
　学习任务3　货物堆码 ·· 14
　学习任务4　打包机的使用 ·· 18
　学习任务5　台式条码打印机的使用 ································· 23
　学习任务6　电动叉车操作 ·· 30

学习项目2　仓储规划 ··· 36
　学习任务1　仓储合同订立 ·· 36
　学习任务2　储位规划 ·· 40
　学习任务3　商品编码 ·· 44

学习项目3　货物入库 ··· 48
　学习任务1　入库订单处理 ·· 48
　学习任务2　入库验收（拓展：问题处理） ························ 55
　学习任务3　入库理货 ·· 63
　学习任务4　入库上架 ·· 71

学习项目4　存储作业 ··· 81
　学习任务1　货物养护 ·· 81
　学习任务2　安全控制 ·· 89
　学习任务3　盘点作业 ·· 96

学习项目5　出库作业 ··· 110
　学习任务1　出库订单处理 ·· 110
　学习任务2　出库理货 ·· 118
　学习任务3　出库复核 ·· 124
　学习任务4　退货处理 ·· 127

学习项目 6　配送作业 ……………………………………………………… 133
学习任务 1　配送订单处理 …………………………………………… 133
学习任务 2　补货作业 ………………………………………………… 139
学习任务 3　分拣作业 ………………………………………………… 144
学习任务 4　流通加工 ………………………………………………… 151
学习任务 5　配货作业 ………………………………………………… 156
参考文献 …………………………………………………………………… 159

学习项目 1　基本设备操作

学习目标

(1) 能叙述基本设备操作要求。
(2) 熟练掌握基本设备的实训技能操作。
(3) 熟练掌握基本设备的维护。
(4) 工作过程中能够遵守7S现场管理规定。
(5) 能展示工作成果，并与他人进行有效的沟通和合作。
建议课时:24课时

学习任务 1　手动液压搬运车操作

学习目标

(1) 能熟练掌握手动液压搬运车的实训技能操作。
(2) 能熟知手动液压搬运车操作注意事项。
建议课时:4 课时
学习地点:物流实训室

学习准备

(1) 设备:手动液压搬运车、6 个矿泉水瓶。
(2) 学生分组:把全班学生分成若干组,5 个学生为一组。

一、任务引入

物流实训室内摆放着6个用矿泉水瓶做成的桩,现以小组为单位进行手动液压搬运车绕桩比赛。绕桩过程中碰倒矿泉水瓶的必须回到起点重新开始绕桩,比赛过程中要注意手动液压搬运车的操作规范。根据各小组完成的时间打分,作为平时成绩加入到期末考试成绩中。

— 1 —

二、知识链接

1.手动液压搬运车概述

手动液压搬运车在使用时将其承载的货叉插入托盘孔内,由人力驱动液压系统来实现托盘货物的起升和下降,并由人力拉动完成搬运作业。它是托盘运输工具中最简便、最有效、最常见的装卸、搬运工具,可分为镀锌手动液压搬运车、不锈钢手动液压搬运车、快起高级手动液压搬运车和重型手动液压搬运车,如图1-1所示。

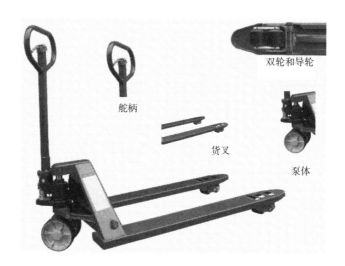

图1-1　手动液压搬运车的操作装置

2.手动液压搬运车的正确操作方法

手动液压搬运车在很多货物搬运场所都能见到,由手柄、油泵、三脚架、传动臂、货叉、电液推杆、前轮组件、后轮及辅助部件组成。其正确操作方法如下:

(1)将运载货物整齐码放在托盘上;

(2)将货叉完全插入托盘里;

(3)开启舵柄,压下手柄给油泵供压,油泵将活塞杆顶起带动三脚架和传动臂上升时,同时传动臂推动前轮组件支起,共同完成货叉的升高;

(4)将货叉升至适当高度,即可进行货物的拉运;

(5)将货物拉至目的地后,释放舵柄,通过对泄压阀操作使油泵泄压,达到使货叉下降的目的;

(6)货叉降至最低位置,开始卸料。

3.手动液压搬运车操作注意事项

(1)在经过必要的培训、充分熟悉该手动液压搬运车并获得授权操作之前,禁止操作液压搬运车;

(2)操作前注意检查液压搬运车,尤其是注意检查车轮、手柄组件、叉架以及摆杆的状态;

(3)不应在泥泞、不平的地面上使用液压搬运车;

(4)不应将身体的任何部位放置于液压搬运车的机械提升部位附近、所载货物上的一级货叉下方;

(5)禁止载人;

(6)操作者应戴上劳保手套,用以保护;

(7)不应使用液压搬运车搬运松弛以及未捆紧的货物;

(8)禁止超载;

(9)搬运货架时,请注意将货架置于货叉的中心,切勿将货架置于货叉的尾部;

(10)只有货物的重量均匀地布置在货叉上,液压搬运车才能被使用到它的最大载重量;

(11)请确保货叉长度大于或等于托盘的长度;

(12)不使用液压搬运车时,请将货叉降至最低高度。

三、小组讨论

(1)手动液压搬运车操作注意事项包括哪些?

_____

_____

_____

(2)手动液压搬运车的具体操作流程是什么?

_____

_____

_____

四、制订方案

学习手动液压搬运车的操作步骤,各小组练习30分钟后进行比赛。具体操作步骤为:

1. 取出设备

直接从设备暂存区取出手动搬运车。在手动搬运车处于图1-2所示的初始状态时,先用双手握住舵柄将其顺时针转动90°,然后下压手柄使其与地面成一定角度后用力拉出,沿通道路线行驶至入库理货区。

行走过程中应单手握舵柄拉动手动搬运车并身体面向前面目视前方,如图1-3所示。

2. 叉取货物

从设备暂存区取出手动搬运车至入库理货区后停放好,然后用货叉叉取托盘货物。方法如下:

(1)将货叉推入托盘槽内。推入时手柄应与地面或货叉保持垂直,同时,伸直手臂,两手同时抓住手柄的两端。将手动搬运车面向托盘槽停放,保持舵柄与地面或货叉垂直,手臂延伸,将货叉推入托盘槽内,如图1-4所示。

图1-2 下压手柄　　　　　　　　　图1-3 行走中的姿势

（2）启动液压设备。开启舵柄，使液压系统产生压力。然后，将手柄下压启动液压设备，如图1-5所示。

图1-4 叉取托盘货物　　　　　　　　图1-5 开启舵柄

（3）上下摇动手柄后，启动液压系统，使货叉上升，上升到与地面不接触摩擦后即可移动，如图1-6所示。

（4）身体向后退，双手握紧舵柄下压，反复上下摇动，启动液压系统，使叉取货物托盘底部上升至与地面不接触后即可移动，在拉动手动搬运车前，需将手柄恢复初始位

— 4 —

置,如图1-7所示。

图1-6 起升货叉

图1-7 恢复手柄

3. 搬运货物

叉取货物后沿规定路线行走,行走过程中应单手握手柄拉动手动液压搬运车并身体面向前面目视前方。

叉取货物托盘后,沿指定路线,将货物托盘拉至设备交接区。拉动手动液压搬运车时应身体向前目视前方,并始终保持单手拉动搬运车舵柄。

4. 停放货物

到达托盘货架区的设备交接区后,调整好位置,停放好手动液压搬运车。按指定路线到达设备交界区后,调整搬运车货叉位置,将托盘货物推入指定区域。然后关闭液压设备,释放舵柄,液压系统的压力就随之消失。之后向上拉起手柄,释放液压压力,将货物托盘放至地面。

5. 设备归位

停放好货物后,双手握住手柄用力向后拉使货叉从托盘槽内退出,然后将手动搬运车沿规定路线拉回设备暂存区,恢复至图1-2所示的初始状态。

停放好货物后,双手握住舵柄,将搬运车货叉从托盘槽内向后拉出,再将手动搬运车放回至设备存放区,之后90°旋转舵柄,锁好手动搬运车。

五、实施方案

按照已制订好的方案进行练习,并以小组为单位进行比赛。

六、评价反馈

当一组学生操作时,另一组学生按照以下的评分标准(表1-1)进行评分。

任务评价表　　　　　　　　　　　　　　　　　　表1-1

班级：　　　　　　　　　组别：　　　　　　　　　姓名：

序号	作业项目	考核内容	配分	评分标准	评分记录	扣分	得分
1	列出手动液压搬运车的操作方法	手动液压搬运车的操作方法	30	每错、漏一项扣3分,扣完为止			
2	手动液压搬运车操作比赛	手动液压搬运车操作步骤	45	碰倒一个桩扣2分			
				每个流程作业不全面扣1~4分			
3	安全文明生产	遵守安全操作规程,正确使用设备、操作现场整洁	10	每项扣5分,扣完为止			
		安全用电,防火,无人身、设备事故	10	因违规操作发生重大人身和设备事故,此项按0分计			
4	团队合作能力	团队合作意识,注重沟通,能自主学习及相互协作	5	不参加者或中途离开者扣2分			
5	合计		100				

学习任务2　堆高车操作

学习目标

(1)了解堆高车的种类。
(2)熟知堆高车的操作注意事项。
(3)熟练掌握堆高车实训操作。

建议课时:4课时

学习地点:物流实训室

学习准备

(1)设备:堆高车。
(2)学生分组:把全班学生分成若干组,5个学生为一组。

一、任务引入

物流实训室内有一批货物(摆放在托盘上)已从理货区搬运到保管区,现需要使用堆高车把这批货物堆放到货架上,你该如何完成这项操作?

二、知识链接

1. 堆高车的概述和分类

(1)堆高车是指对成件托盘货物进行装卸、堆高、堆垛和短距离运输作业的各种轮式搬运车辆。国际标准化组织 ISO/TC110 中称为工业车辆。

(2)堆高车分为全电动堆高车、半电动堆高车、手动液压堆高车,如图1-8所示。

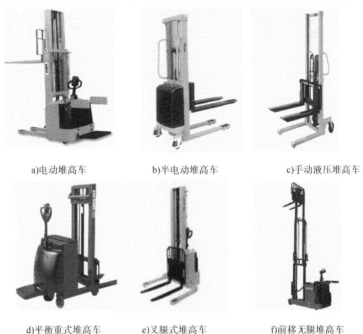

a)电动堆高车　　　b)半电动堆高车　　　c)手动液压堆高车

d)平衡重式堆高车　　e)叉腿式堆高车　　　f)前移无腿堆高车

图1-8　堆高车的分类

(3)手动液压堆高车具有无污染、灵巧、操作灵活、转弯半径小等特点。若配合托盘、集装箱等可实现单元化搬运,有效减少零部件的碰撞、划伤和堆放面积,减少搬运工作量,提高搬运效率。手动液压堆高车的操作装置如图1-9所示。

2. 手动液压堆高车操作注意事项

(1)操作者必须熟悉设备的结构及性能,严禁超限制使用设备。

(2)日常检查或使用堆高车时,需注意以下项目:

①检查堆高车的各控制、驱动及制动装置,如发现损坏或有缺陷时,应在维修后方可进行作业活动;

②检查堆高车护顶架、挡货架、各类开关、操作手柄、踏板、车轮及紧固件;

③堆高车起动时保持适当的起动速度,不应过猛;

④执行搬运作业时,货叉负荷不应超过最大载货

液压踏杆

制动装置

图1-9　手动液压堆高车的操作装置

值,同时需确保货叉全部插入货物下方,并使货物均匀至于货叉上,不许使用单个叉尖挑运货物;

⑤堆高车作业时,应平稳进行起动、转向、行驶、制动和停止,在潮湿或光滑的路面转向时须减速;

⑥堆高车的行驶与货叉的提升不应同时进行;

⑦堆高车行驶时应注意行人、障碍物和坑洼路面;

⑧禁止人员站立于货叉下方或在叉下行走;

⑨不允许搬运未固定或松散堆垛的货物,小心搬运尺寸较大的货物;进行作业时不得承载超过堆高车最大载重的货物;

⑩人员离车时,需将货叉下降至最底端,并启动制动装置。

3. 手动液压堆高车的正确操作方法

1) 行驶

车辆行驶以前应注意检查制动装置和泵站的工作状况。双手握住操作手柄,用力前推,使车辆慢慢向待作业货物前进;停车时,可用制动器或制动踏板,使车辆停止。

2) 卸货

(1) 在货叉低位的情况下,调整车辆位置,使其与货架保持垂直;

(2) 调整货叉高度,慢慢移动到待卸货物托盘处,确保货叉容易进入托盘底部并插入,同时确保货物托盘处于货叉的安全位置上;

(3) 提升货叉并抬起货物托盘;

(4) 缓慢拉动堆高车直线向后退出;

(5) 后退一定距离后,缓慢放低货叉,同时确保货叉在降低过程中不会接触到任何障碍。

3) 堆垛

(1) 插取货物后,保持货叉低位并小心接近货架;

(2) 提升货物至货架层平面的上方;

(3) 向前移动堆高车,当货物托盘到达货架正上方时停止,调整货物位置,确保货物货盘处于安全位置后,缓慢降低货叉;

(4) 向后退出货叉,同时确保货物托盘在货架上的固定位置;

(5) 放低货叉至低位,确保堆高车可以安全移动。

4) 安全设施

(1) 制动器:车辆制动设备;

(2) 限流阀:用于控制货叉的下降速度;

(3) 限压阀:用于控制货叉载荷;

(4) 防护网:确保驾驶员的安全。

三、小组讨论

(1) 手动液压堆高车的操作注意事项有哪些?

(2)手动液压堆高车的正确操作方法是什么?

四、制订方案

学习手动液压堆高车的操作步骤,各小组练习 30 分钟后进行比赛。具体操作步骤为:

1. 取出设备

堆高车在设备存放区的初始状态,如图 1-10 所示。

图 1-10　堆高车的存放状态

松开堆高车制动器,取出堆高车,如图 1-11 所示。

将堆高车移动至托盘货架区的设备交接区,如图 1-12 所示。

2. 上架操作

(1)将堆高车货叉插入托盘,如图 1-13 所示。

(2)货叉插入托盘后,踩住制动踏板,如图 1-14 所示。

(3)反复踩动液压踏杆,提升货叉至货架的相应货位高度,如图 1-15 所示。

(4)向前方踩下制动踏板,松开堆高车制动器,如图 1-16 所示。

图 1-11 取出堆高车

图 1-12 堆高车行走情况

图 1-13 插入托盘

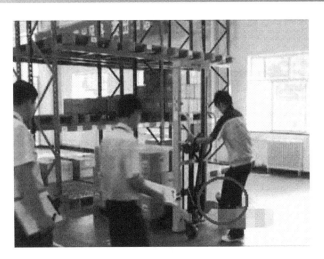

图 1-14 踩住制动踏板

图 1-15 提升货叉

图 1-16 松开制动器

(5)将托盘推至在托盘货架相应货位上方,如图1-17所示。

图1-17 调整位置

(6)踩住堆高车制动踏板。

(7)踩下液压制动杆,缓慢放下货叉,将货盘货物放在货架上,并注意堆高车货叉不要过重碰撞货架,如图1-18所示。

图1-18 放置货物

(8)松开堆高车制动器。

(9)将堆高车货叉从托盘中抽出,如图1-19所示。

图1-19 退出货叉

(10) 踩下堆高车制动器。

(11) 踩下液压踏杆,降下货叉至最低,注意避免下降时货叉与堆高车底部的碰撞,如图1-20所示。

图1-20　降下货叉

3. 设备归位

上架完毕后,将液压堆高车拉回设备暂存区,恢复初始状态,如图1-21所示。

图1-21　手动液压堆高车初始状态

五、实施方案

按照已制订好的方案进行练习,并以小组为单位进行比赛。

六、评价反馈

当一组学生操作时,另一组学生按照以下的评分标准(表1-2)进行评分。

任务评价表　　　　　　　　　　　　　　表1-2

班级：　　　　　　　组别：　　　　　　　姓名：

序号	作业项目	考核内容	配分	评分标准	评分记录	扣分	得分
1	列出手动液压堆高车的操作方法	手动液压堆高车的操作方法	30	每错、漏一项扣3分，扣完为止			
2	手动液压堆高车操作比赛	手动液压堆高车操作步骤	45	每个步骤作业不全面扣1~4分			
3	安全文明生产	遵守安全操作规程，正确使用设备、操作现场整洁	10	每项扣5分，扣完为止			
		安全用电，防火，无人身、设备事故	10	因违规操作发生重大人身和设备事故，此项按0分计			
4	团队合作能力	团队合作意识，注重沟通，能自主学习及相互协作	5	不参加者或中途离开者扣2分			
5	合计		100				

学习任务3　货物堆码

学习目标

（1）能叙述出货垛"五距"的要求。
（2）能熟练掌握货物堆码的实训技能操作。

建议课时：4课时
学习地点：物流实训室

学习准备

（1）设备：托盘、纸箱。
（2）学生分组：把全班学生分成若干组，5个学生为一组。

一、任务引入

某日一配送中心接到一批货物，现要求在第二日前完成物品堆垛，仓库管理员该如何具体完成该项作业呢？

二、知识链接

1. 货物堆码的概念

货物堆码是指物品的堆放形式和方法。货物的合理堆码是储存中一项重要的技术工作,它对维护物品质量,充分利用库房容积和提高装卸作业效率,以及对采用机械作业和保证货物安全等具有重要影响。货物堆码要遵守合理、牢固、定量、整齐、节约、先进先出等项要求。

2. 货垛"五距"要求

货垛"五距"指的是垛距、墙距、柱距、顶距和灯距。堆垛时,不能依墙、靠柱、碰顶、贴灯;不能紧挨着旁边的货垛,必须要留有一定的间距。无论采取哪一种垛型,库房内必须留出相应的走道,方便货物的进出和消防用途。

1) 垛距

垛距是指货垛与货垛之间的距离。库房垛距一般为 0.3~0.5m,货场垛距一般不小于 0.5m。

2) 墙距

内墙距是指货物与没有窗户的墙体间的距离。通常情况下,由于在没有窗户墙体附近潮气相对小些,因此内墙距一般为 0.1~0.3m。外墙距是指货物离有窗户墙体的距。由于在这里湿度相对较大,因此外墙距一般为 0.1~0.5m。

3) 柱距

柱距一般为 0.1~0.3m。

4) 顶距

货垛堆放的最大高度与库房、货棚屋顶横梁间的距离,一般为 0.5~0.9m。

5) 灯距

灯距是指货垛与照明灯之间的必要距离。按规定货垛与照明灯之间应留有不少于 0.5m 的安全距离。

3. 货物堆码的方法

1) 重叠式堆垛

这是一种逐件逐层向上重叠码高而成的货垛,该垛型是机械化作业的主要垛型之一,适于中厚钢板、集装箱等货物。堆码板材时,可逢十略行交错,以便计数。

2) 纵横交错式堆垛

将长短一致,宽度排列能够与长度相等的货物,一层横放,一层竖放,纵横交错堆码,形成方形垛。长短一致的锭材、管材、棒材、狭长的箱装材料均可用这种垛型。有些材料,如铸铁管、钢锭等,一头大、一头小的,要大、小头错开。锭材底面大顶面小,可仰俯相间。化工、水泥等,如包装统一,可采用"二顶三"、"一顶四"等方法,在同一平面内纵横交叉,再层层纵横交错堆垛,以求牢固。这种垛型也是机械堆垛的主要垛型之一。

3）压缝式堆垛

先将垛底底层排列成正方形、长方形或环形，然后起脊压缝上码。由正方形或长方形形成的垛，其纵横断面成层脊形，适于阀门、缸、建筑卫生陶瓷等用品。

4）栽柱式堆垛

先在货垛的两旁栽上2~3根木柱或者钢棒，然后将货物平铺在柱子中间，每层或间隔几层在两侧相对应的柱子上用铁丝拉紧，以防倒塌。这种堆垛方式多用于金属材料中的长条形货物，例如圆钢、中空钢的堆码，适宜于机械堆码，采用较为普遍。

5）宝塔式堆垛

宝塔式堆垛与压缝式堆垛类似，但压缝式堆垛是在两件货物之间压缝上码，宝塔式堆垛则在4件货物的中心上码逐层缩小，例如电线、电缆。

6）通风式堆垛

对于需要防潮湿通风保管的货物，堆垛时每件货物之间都要留有一定的空隙以利于通风。

7）衬垫式堆垛

这种堆垛是在每层或每间隔几层货物之间夹进衬垫物，利用衬垫物使货垛的横断面平整，货物互相牵制，以加强货垛的稳固性。衬垫物需要视货物的形状而定。这种堆垛方式适用于四方整齐的裸装货物，例如电动机。

8）仰俯相间式堆垛

对于钢轨、槽钢、角钢等货物，可以一层仰放、一层俯放，仰俯相间而相扣，使堆垛稳固。也可以俯放几层，再仰放几层，或者仰俯相间组成小组再码成垛。但是，当角钢和槽钢仰俯相间码垛时，如果是在露天存放，则应该一头稍高，一头稍低，以利于排水。

9）"五五化"堆垛

"五五化"堆垛就是以五为基本计算单位，堆码成各种总数为五的倍数的货垛，即大的商品堆码成五五成方，小的商品堆码成五五成包；长的商品堆码成五五长行，短的商品堆码成五五成堆，带眼的商品堆码成五五成串。这种堆垛方式过目成数、清点方便、数量准确，不易出现差错，收发快、效率高，适用于按件计量货物。

10）集装式堆垛

集装式堆垛是指采用托盘、集装箱等可以反复使用的货物集装工具进行货物堆码的一种方法。

三、小组讨论

(1)货垛的"五距"具体的要求有哪些？

（2）请利用网络查询纵横交错式堆垛与压缝式堆垛的区别，填入表1-3。

两种堆垛方式的区别　　　　　　　　　　　表1-3

	优　点	缺　点
纵横交错式堆垛		
压缝式堆垛		

四、制订方案

以小组为单位，各组成员进行纵横交错式堆垛，根据堆垛所用时间以及货物堆垛的整齐与否，由指导老师进行打分。该分数作为期末考核成绩。

五、实施方案

按照已制定好的方案进行练习，然后进行考核。

六、评价反馈

当一组学生操作时，另一组学生按照以下的评分标准（表1-4）进行评分。

任务评价表　　　　　　　　　　　表1-4

班级：　　　　　　　　组别：　　　　　　　　姓名：

序号	作业项目	考核内容	配分	评分标准	评分记录	扣分	得分
1	列出货垛"五距"具体要求	货垛"五距"	20	每错、漏一项扣3分，扣完为止			
2	纵横交错式堆垛商品	纵横交错式堆垛	55	每个流程作业不全面扣1~4分			
				堆垛商品缝隙过大扣10分			
3	安全文明生产	遵守安全操作规程，正确使用设备、操作现场整洁	10	每项扣5分，扣完为止			
		安全用电，防火，无人身、设备事故	10	因违规操作发生重大人身和设备事故，此项按0分计			
4	团队合作能力	团队合作意识，注重沟通，能自主学习及相互协作	5	不参加者或中途离开者扣2分			
5	合计		100				

学习任务 4 打包机的使用

学习目标

(1)能叙述半自动打包机和手动打包机包装合理化的要求。
(2)能熟练掌握半自动打包机和手动打包机的实训操作。

建议课时:4 课时
学习地点:物流实训室

学习准备

(1)设备:自动打包机、手动打包机、未封口的包装箱。
(2)学生分组:把全班学生分成若干组,3 个学生为一组。

一、任务引入

某物流中心对流通加工部进行业务考核,包装员接到的考核任务为:使用半自动打包机和手动打包机将两箱装有矿泉水的已封口包装箱进行井字形捆扎。包装员该如何完成这项操作?

半自动打包机和手动打包机如图 1-22 所示。

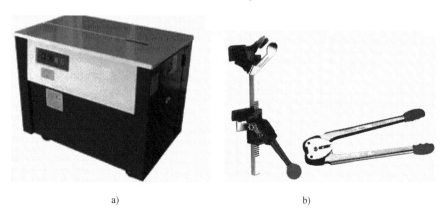

a)   b)

图 1-22 半自动打包机和手动打包机

装有矿泉水的未封口包装箱如图 1-23 所示。

二、知识链接

1. 概述

(1)半自动打包机是捆扎机械的一种,广泛用于食品、医药、五金、化工、服装、邮政等行业,适用于纸箱、纸张、包裹信函、药箱、轻工业、五金工具、陶瓷制品、汽车配件、日化用品、文体用品、器材等各种尺寸物品的自动打包捆扎。

（2）手动打包机又称手提打包机，是一种常用的打包机械，广泛用于食品、医药、五金、化工、服装、邮政等行业，适用于纸箱打包、纸张打包、包裹信函打包、药箱打包、轻工业打包、五金工具打包、陶瓷制品打包、汽车配件打包、日化用品打包、文体用品打包、器材打包等各种大小货物的手动打包捆扎。它适用于需要打包机进行捆扎，但打包量比较小的企业。

图1-23 未封口的包装箱

2. 包装合理化

（1）包装应妥善保护内部装载的物品，使其质量不受损伤。

制定相应适宜的标准，使包装的强度可以恰到好处地保护物品，使其免受损伤。除了要在运输装卸时经受住冲击和震动外，还要具有防潮、防水、防霉、防震、防锈等功能。

（2）包装材料和包装容器应当安全无害。

包装材料要避免使用含有聚氯联苯类的有害物质，包装容器要避免做成会对人员造成伤害的外形。

（3）包装尺寸、容量要标准化，以便于装卸搬运。

①要根据托盘或集装箱的尺寸确定包装模数；

②要根据包装模数，用容器长度×容器宽度的组合尺寸（有的还加上容器的高度）确定包装模数尺寸（标准包装尺寸）。

（4）包装的标志要清楚、明了。

（5）包装形态要大型化，适宜采用集合运输包装，如集装袋、托盘和集装箱等。

（6）包装费用最小化，包装成本要与其内装商品成本相对应。

（7）包装材料经济化。

设计包装规格时，货物包装内的空间空隙不应过大，应最大化的提高包装内的空间利用率；使用货物包装时，应提高材料的二次利用程度，加强废弃物包装的回收，减少过剩包装；选择包装材料时，应注意开发新型的包装材料、推广先进的包装方式等。

（8）包装材料应选择可循环环保材料，从而便于废弃或再利用处理。

3. 操作流程

1）半自动打包机操作

（1）接通电源

插上电源插头，按下开关，指示灯会点亮。

（2）预热烫头

把温度调到指定温度，预热1min。若缩短预热时间，可按下快速加热按钮，约5s后即可预热。

(3)包装箱定位

将准备好的包装箱双手搬起放在半自动打包机的工作平台上,调整位置然后确定最终定位,如图1-24所示。

(4)调整供带长度

根据包装箱大小按下供带或退带按钮以便调整适当的供带长度,机器自动供带。同时,电动机也已重新转动。调整供带长度情况如图1-25所示。

图1-24　包装箱定位

图1-25　调整供带长度

(5)完成单条捆扎过程

将打包带绕过包装箱,将打包带头沿着导向槽插入,直至触动微动开关,如图1-26所示。

图1-26　触动微开关

前后经过约1.5s,就可完成单条捆扎。捆扎完成后的情况如图1-27所示。

(6)完成井字形打包

调整工作平台上包装箱位置,将包装箱进行90°旋转,再次进行包装箱定位、调整供带长度、触动微开关,完成井字形打包过程,如图1-28所示。

图1-27 自动捆扎完成　　　　　　图1-28 打包完成

(7)关机

打包作业结束后,将包装箱从工作台上取下放在地上。然后关上电源开关或电机开关。

2)手动打包机具体操作

(1)先将打包带对折,双手顺势夹紧后,保持回折两条打包带平行,再将打包带竖起,保持平行,左右手交换推进,即可将打包带穿过小孔。

(2)右手推紧黑色连杆,松动夹紧位,左手掌握紧打包带,食指限定打包带位置,由前至后拉入夹紧位。注意要使用左手操作。

(3)左手模拟第二步方法,将索带拉入刀缝,右手将"十"字位调较好,以方便左手穿带。注意要使用左手操作。

(4)轻轻拉紧打包带,调整好打包带的长短,反向左手将打包带压在收紧缝中,右手收紧打包带,保持双向打包带平行。注意反向用左手压住打包带。

(5)将钢扣穿入双带中,注意从侧面入扣,将扣压紧。

(6)张开钢钳,按方向入口,观察两条带是否有重叠。

(7)收紧钢钳一半幅度后,可斜拉钢钳到身边,以方便用力收紧。注意要在钢钳收到一半后才可以斜拉到身边,否则会拉坏钢扣。

(8)打紧钢扣后,左手拉住打包带,右手慢速向下压拉杆。尽量分两个步骤,如果强力急速向下压拉杆,会造成打包带开裂。

(9)下压拉杆后,顺势向右拖出收紧机,完成打包。

三、小组讨论

(1)包装合理化包括哪些内容?

(2)请利用网络查询半自动打包机与手动打包机的区别,填入表1-5。

半自动打包机与手机打包机的区别　　　　　　表1-5

	优　点	缺　点
半自动打包机		
手动打包机		

四、制订方案

以小组为单位,各组之间进行比赛,分为半自动打包机和手动打包机两个项目。每小组成员轮流进行操作,在最短时间内完成任务的小组获胜。

五、实施方案

按照已制订好的方案进行练习,并以小组为单位进行比赛。

六、评价反馈

当一组学生操作时,另一组学生按照以下的评分标准(表1-6)进行评分。

任　务　评　价　表　　　　　　表1-6

班级:　　　　　　　　　组别:　　　　　　　　　姓名:

序号	作业项目	考核内容	配分	评分标准	评分记录	扣分	得分
1	列出包装合理化的内容	包装合理化	20	每错、漏一项扣3分,扣完为止			
2	半自动打包机的操作流程	半自动打包机的实际操作	30	每个步骤作业不规范扣1~4分			
3	手动打包机的操作	手动打包机的实际操作	25	每个步骤作业不规范扣1~4分			
4	安全文明生产	遵守安全操作规程,正确使用设备、操作现场整洁	10	每项扣5分,扣完为止			
4	安全文明生产	安全用电,防火,无人身、设备事故	10	因违规操作发生重大人身和设备事故,此项按0分计			
5	团队合作能力	团队合作意识,注重沟通,能自主学习及相互协作	5	不参加者或中途离开者扣2分			
6	合计		100				

学习任务5　台式条码打印机的使用

学习目标

(1)能熟知条码技术。
(2)能熟练掌握条码编辑软件,并能独立编辑条码。
(3)能熟练使用条码打印机打印条码。

建议课时:4课时

学习地点:物流实训室

学习准备

(1)设备:台式条码打印机、条码编辑软件、互联网资源、仓储管理系统、多媒体设备。
(2)学生分组:把全班学生分成若干组,两个学生为一组。

一、任务引入

请使用斑马条码打印机及其条码编辑软件编写、打印条码,并将打印完成的条码粘贴到指定的包装箱上,具体信息如下。

货物名称:微波炉;

货物条码:9787799510521;

标签专用纸规格:宽度为10cm、高度为7cm;

可用打印机名称:Zdesigner ZM400 200 dpi(ZPL)。

二、知识链接

1.条码技术

条形码是将宽度不等的多个黑条和空白,按照一定的编码规则排列,用以表达一组信息的图形标记符,如图1-29所示。

2.条码编辑

1)编辑条码

条码编辑软件安装完成后计算机桌面会出现,如图1-30所示的图标。

双击运行该图标,计算机屏幕上会弹出向导窗口,如图1-31所示。

在图1-31所示的创建新标签窗口中,选择创建新标签单选框,然后点击【下一步】,会弹出如图1-32所示的界面。

在图1-32所示的选择打印机窗口中,根据题目要求先选择指定名称的打印机,然后点击【下一步】,会弹出如图1-33所示的界面。

在图1-33所示的"页面大小"栏目下,对页面大小进行设置,然后点击【下一步】,会弹出如图1-34所示的界面。

a) 三得利饮料　　　　b) 绿茶　　　　c) ZIMA的某种酒类

d) 爆米花　　　　　　e) 青和食品醃萄干

图1-29　条形码示意图

图1-30　条码编辑软件

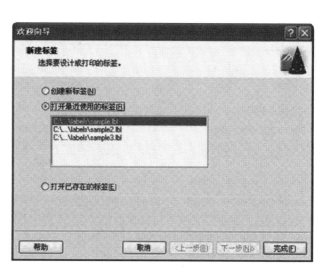

图1-31　创建新标签

在图1-34所示的"标签布局"栏目下,设置打印方向,确定标签布局,然后点击【下一步】,会弹出如图1-35所示的界面。

在图1-35所示的"标签尺寸"栏目下,根据题目给定信息设置标签尺寸,然后点击【下一步】,会弹出如图1-36所示的界面。

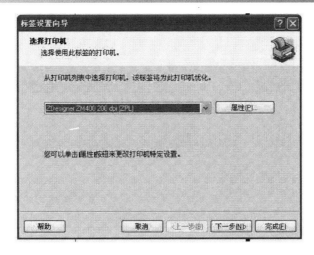

图 1-32 选择打印机

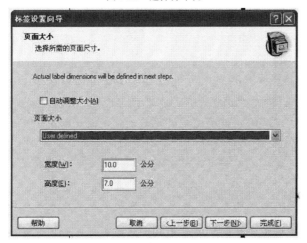

图 1-33 页面大小

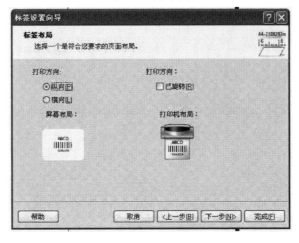

图 1-34 标签布局

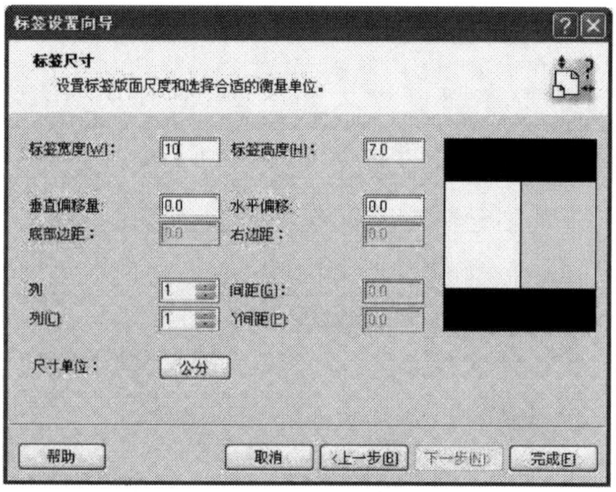

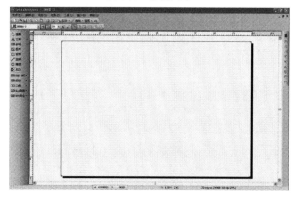

图 1-35　标签尺寸

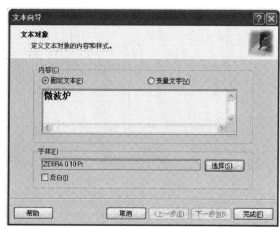

图 1-36　基础设置完毕

至此,基本信息设置完毕,即可开始下一步对条码相关的文本及条码本身进行编辑。在图 1-36 所示的窗口的工具栏中,找到如图 1-37 所示的【文本】按钮。

图 1-37　文本编辑

点击【文本】按钮,即可弹出图 1-38 所示的窗口。

图 1-38　文本内容

在图 1-38 所示的窗口中,选择【固定文本】单选项并输入文本内容"微波炉",然后点击【下一步】,会弹出如图 1-39 所示的界面。

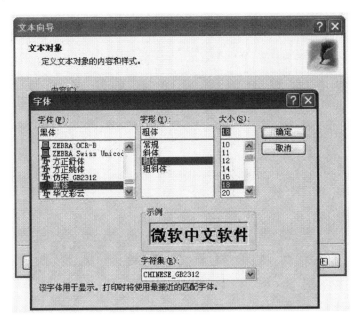

图 1-39 文本格式

在图 1-39 所示的界面中选择适宜的字体、字形及大小,然后点击【确定】,会弹出如图 1-40 所示的界面。

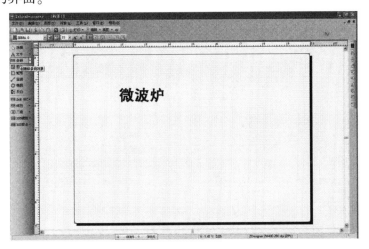

图 1-40 文本编辑

至此,就完成了条码对应文本的编辑。在图 1-40 所示界面的工具栏中,找到如图 1-41 所示的【条码】按钮。

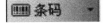

图 1-41 条码编辑

点击该按钮,则弹出如图 1-42 所示的窗口。

在该窗口中,选择【固定条码数据】单选按钮,输入条码数据"9787799510521",然后点击【下一步】,会弹出如图 1-43 所示的界面。

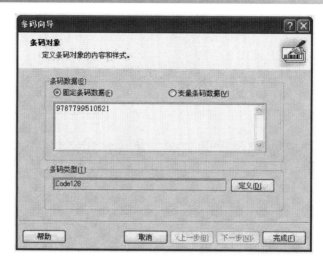

图 1-42 条码数据

图 1-43 编辑条码

在该界面的下拉列表中选择条码类型为 EAN-13,然后点击【确定】,则弹出如图 1-44 所示的界面。

图 1-44 条码编辑完成

至此,条码编辑完毕。

2)打印条码

在图1-44所示的界面中单击如图1-45所示的【打印】按钮。

则弹出如图1-46所示的打印设置窗口。

图1-45 条码打印

点击【打印】按钮,即可等待条码打印机自动完成条码打印输出操作。

3)粘贴条码

将打印完成的条码标签纸粘贴到给定的货物包装箱其中一个较大侧面的右上角处。

3. 条码打印机

条码打印机是一种专用的打印机,打印的内容一般为企业的品牌标记、序列号标记、包装标记、条形码标记、信封标签、服装吊牌等。作为条形码应用的重要设备之一被广泛地使用在制造业、物流业等需要印制标签的行业中。条码打印机基本包括三种类别:工业条码打印机、台式条码打印机和便携式条码打印机,如图1-47所示。

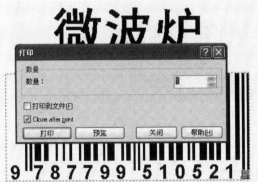

图1-46 打印设置

a)工业条码打印机　　b)台式条码打印机　　c)便携式条码打印机

图1-47 条码打印机的分类

三、小组讨论

分组讨论,各小组讨论确定货物名称以及货物条码。

四、制订方案

每组成员根据讨论结果,运用条码编辑软件编辑条码。

五、实施方案

按照已制订好的方案进行练习,各组派代表上台展示。

六、评价反馈

当一组学生操作时,另一组学生按照以下的评分标准(表1-7)进行评分。

任 务 评 价 表　　　　　　　　　　表1-7

班级:　　　　　　　　　组别:　　　　　　　　　姓名:

序号	作业项目	考核内容	配分	评分标准	评分记录	扣分	得分
1	条码编辑	编辑条码	70	条码不规范相应扣分			
2	安全文明生产	遵守安全操作规程,正确使用设备、操作现场整洁	10	每项扣5分,扣完为止			
		安全用电,防火,无人身、设备事故	10	因违规操作发生重大人身和设备事故,此项按0分计			
3	团队合作能力	团队合作意识,注重沟通,能自主学习及相互协作	10	不参加者或中途离开者扣2分			
4	合计		100				

学习任务6　电动叉车操作

 学习目标

(1)能叙述电动叉车的操作注意事项。
(2)能熟练掌握电动叉车的实训技能操作。

建议课时:4课时

学习地点:物流实训室

学习准备

(1)设备:电动叉车。

（2）学生分组：把全班学生分成若干组，5个学生为一组。

一、任务引入

物流实训室内有一批货物（已摆放在托盘上），现需要使用电动叉车把货物从理货区搬运到保管区进行堆垛，你该如何完成这项操作呢？

二、知识链接

1. 电动叉车简介

电动叉车是指以电作为动力进行作业的叉车，如图1-48所示。

图1-48 电动叉车

2. 电动叉车的操作安全规范（图1-49～图1-61）

图1-49 电动叉车在行驶时不能手扶持货物

图1-50 注意在转弯盲角处放慢速度

图1-51 开车前要注意

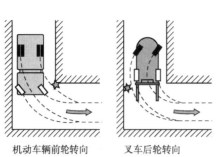
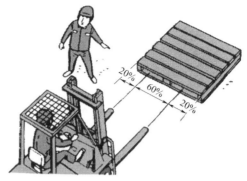

图1-52 注意机动车辆和叉车的不同　　　图1-53 调节货叉宽度适应托盘的定位

图1-54 注意高度限制　　　图1-55 遵守速度限制规定

图1-56 在平地上行驶时放低门架

图1-57 无负载行驶在斜坡上时

图 1-58 有负载行驶在斜坡上时

图 1-59 不要在门架和护顶架之间工作

图 1-60 不要在高速下转弯或者急转弯

图 1-61 货物要均匀放置到两个货叉的中间

3. 电动叉车的操作

1）起动

（1）车辆起动前应检查起动、转向信号、蓄电池电路、运转、制动性能、货叉、轮胎，使之处于完好；

（2）当出现机械问题时，不可自行修理，应关闭电源并通知维修人员。

2）行驶

（1）叉车行驶时，货叉上严禁站人。确实需要叉车辅助人员配合工作时，应配有专用的用于叉车的篮子，货叉应叉入篮子下面专用的固定槽中；

（2）如果高空作业性质为盘点、贴标签等基本无危害的工作，驾驶员不要离开叉车，以便及时提供协助；

（3）如果是维修灯具、管路等需要使用金属工具的工作，叉车驾驶员可以选择戴好安全帽，坐在驾驶室协助，无关人员不得操作叉车；

（4）二手叉车价格原则上不准超车，但要超越停驶车辆时，应减速鸣号，注意观察。

3）作业

（1）严禁超载、偏载行驶；

（2）作业速度要缓慢，严禁冲击性的装载货物；

（3）不准将货物升高进行长距离行驶（高度大于500mm）；

（4）不准用货叉挑翻货盘和利用制动惯性溜放的方法卸货；

（5）不准直接铲运危险品；

（6）不准用单货叉作业；

（7）不准利用惯性装卸货物；

（8）不准用货叉带人作业，货叉举起后货叉下严禁站人和进行维修作业；

（9）不准用叉车去拖其他车，如确实需要叉车牵引，则需经过部门经理同意。

4）停车

（1）尽量避免停在斜坡上，如不可避免，则应取其他可靠物件塞住车轮，拉紧驻车制动并熄火。停放时应将货叉降到最低位置，拉紧驻车制动器，切断电路；

（2）不能将叉车停在紧急通道、出入口、消防设施旁；

（3）叉车暂时不使用时应关掉电源，拉紧驻车制动。

5）充电

（1）使用充电器时，要选用与叉车配套的充电器，且要轻拿轻放；

（2）充完电后，应先关掉电源，再拉出充电器插头，并将充电器挂好，严禁随意放在地上。

6）维护

（1）一旦发现叉车有不正常现象，应当立即停车检查；

（2）严禁在叉车起动的情况下进行维修、装拆零部件，不应自行维修叉车和装拆零部件；

（3）严格按照叉车生产厂家的维护规程进行日常维护。

三、小组讨论

（1）电动叉车的操作注意事项有哪些？

(2)电动叉车的操作步骤有哪些?

_____

_____

四、制订方案

以小组为单位,各组之间进行比赛。每小组成员轮流进行操作,在最短时间内完成任务的小组获胜。

五、实施方案

按照已制订好的方案进行练习,并以小组为单位进行比赛。

六、评价反馈

当一组学生操作时,其他小组学生按照以下的评分标准(表1-8)进行评分。

任 务 评 价 表　　　　　　　　　　　　　表1-8

班级:　　　　　　　　　组别:　　　　　　　　　姓名:

序号	作业项目	考核内容	配分	评分标准	评分记录	扣分	得分
1	列出电动叉车操作方法	电动叉车的操作规程	30	每错、漏一项扣3分,扣完为止			
2	电动叉车操作比赛	电动叉车的实际操作	45	每个步骤作业不全面扣1~4分			
3	安全文明生产	遵守安全操作规程,正确使用设备、操作现场整洁	10	每项扣5分,扣完为止			
		安全用电,防火,无人身、设备事故	10	因违规操作发生重大人身和设备事故,此项按0分计			
4	团队合作能力	团队合作意识,注重沟通,能自主学习及相互协作	5	不参加者或中途离开者扣2分			
5	合计		100				

学习项目 2　仓储规划

学习目标

(1) 能单独拟定仓储合同。
(2) 能对储位进行合理规划。
(3) 掌握货物的编码原则,并熟练操作。
(4) 工作过程中能够遵守 7S 现场管理规定。
(5) 能展示工作成果,并与他人进行有效的沟通和合作。
建议课时:12 课时

学习任务 1　仓储合同订立

学习目标

(1) 能叙述出仓储合同中双方当事人的权和义务以及发生违约的处理方式。
(2) 掌握仓储合同的格式和主要条款。
(3) 能独立完成仓储合同的拟定。
建议课时:4 课时
学习地点:物流实训室

学习准备

(1) 设备:电脑、上网设备、多媒体设备、白纸。
(2) 学生分组:两个学生组成一个小组。两个小组完成一项任务,一组作为存货人,另一组作为保管员,分别拟定一份仓储合同。合同完成后,各组选出一名组长叙述各自合同,其余小组进行提问。

一、任务引入

2013 年 9 月 3 日,某市盛达粮油进出口有限责任公司(下称盛达公司)与东方储运公司签订了一份仓储保管合同。合同主要约定:由东方储运公司为盛达公司储存保管小麦 60 万 kg,保管期限自 2013 年 9 月 25 日至 12 月 25 日,出运费为 50000 元,任何一方违约,均按储存费用的 20% 支付违约金,请拟定一份仓储合同。

二、知识链接

1. 仓储合同的概述

(1)仓储合同的定义:保管人储存存货人交付的仓储物,存货人支付仓储费的合同。是诺成性合同,成立即生效。

(2)仓储合同当事人。

①存货人:接受储存保管服务并支付报酬的一方,持有仓储处分权。

②保管员:提供储存保管服务的一方,必须具备仓储设备的所有权或经营使用权。

2. 仓储合同的标的和标的物

(1)标的:合同当事人双方权利和义务所共同指向的对象。

仓储合同标的——仓储保管行为,即存货人按时交付货物、支付仓储费用,保管人给予养护,保管期限满后完整归还。

(2)标的物:标的物是标的的载体和表现。

仓储合同标的物——仓储物。

3. 仓储合同的内容

仓储合同的主要内容见表 2-1。

仓储合同的主要内容　　　　表 2-1

序　号	仓储合同的主要条款
1	货物的品名和种类
2	货物的数量、质量及包装
3	货物验收的内容、标准、方法和时间
4	进出库存手续、时间、地点、运输方式
5	货物损耗标准和损耗处理
6	计费项目、标准和结算方式、银行、账号、时间
7	责任的划分和违约处理
8	合同的有效期限
9	合同应订明提出变更或解除合同的期限,以便对方作好相应的准备

4. 仓储合同的订立

(1)仓储合同订立的原则:平等原则、等价有偿原则、自愿协商原则、合法不损坏社会公共利益原则。

(2)订立合同的四个过程:询盘、发盘(要约)、还盘、接受。

①询盘:也叫询价,是指交易的一方准备购买或出售某种商品的人向潜在的供货人

或买主探寻该商品的成交条件或交易的可能性的业务行为,它不具有法律上的约束力。

②发盘:交易的一方为了销售或购买一批商品,向对方提出有关的交易条件,并表示愿按这些条件达成一笔交易,这种意思表示的行为称作发盘。

③还盘:又称还价,是受盘人对发盘内容不完全同意而提出修改或变更的表示,是对发盘条件进行添加,限制或其他更改的答复。还盘只有受盘人才可以做出,其他人做出无效。

④接受:受盘人在发盘的有效期内,无条件地同意发盘中提出的各项交易条件,愿意按这些条件和对方达成交易的一种表示。接受在法律上称为"承诺",接受一经送达发盘人,合同即告成立。

5. 仓储合同的变更、解除与终止

(1) 仓储合同的变更:是指对方已经合法成立的仓储合同内容在原来合同的基础上进行修改或者补充。

(2) 仓储合同的解除:仓储合同订立后,在合同未履行或尚未全部履行时,一方当事人提前终止合同,从而使原合同设定的双方当事人的权利义务归于消灭。它是仓储合同终止的一种情形。

(3) 仓储合同的终止:合同当事人双方在合同关系建立以后,因一定的法律事实的出现,使合同确立的权利义务关系消灭。合同终止有多种形式,包括履行完毕终止、合同解除终止、混同终止等。合同解除必然导致合同终止,但合同终止不全是因为合同解除导致的。

6. 仓单

仓单是保管人收到仓储物后给存货人开付的提取仓储物的凭证。仓单除作为已收取仓储物的凭证和提取仓储物的凭证外,还可以通过背书,转让仓单项下货物的所有权,或者用于出质。存货人在仓单上背书并经保管人签字或者盖章,转让仓单始生效力。存货人以仓单出质应当与质权人签订质押合同,在仓单上背书并经保管人签字或者盖章,将仓单交付质权人后,质押权始生效力,见图2-1。

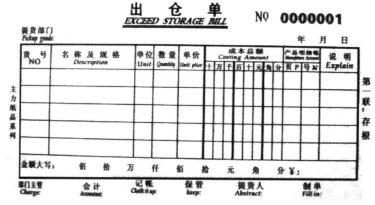

图 2-1 仓单

三、小组讨论

(1) 仓储合同的主要条款包括哪些内容?

_____
_____
_____
_____

(2) 仓储合同的基本格式是怎么样的?请根据任务引入拟定一份仓储合同。

(3) 拟定合同后,保管员和存货人根据合同内容签订合同,并记录签订合同时的对话。请将对话写在下面:

_____
_____
_____
_____

四、制订方案

(1) 分组讨论拟定仓储合同,将拟定的合同写在白纸上。

(2) 明确组员角色和任务分工(表2-2)。

角色与任务分工　　　　　　　　　　　　　　表2-2

角色	任务	分工方案1	分工方案2	分工方案3
存货人	角色扮演,商讨合同内容			
保管员	角色扮演,商讨合同内容			
记录员	跟踪记录场景展示过程并点评			
观察员	观察组员并作点评			
摄像员	拍摄图片、视频			

五、实施方案

按照已制订好的方案来进行练习,并每组派代表上台展示。

六、评价反馈

当一组学生操作时,另一组学生按照以下的评分标准(表2-3)进行评分。

任务评价表　　　　　　　　　　表2-3

班级：　　　　　　　　组别：　　　　　　　　姓名：

序号	作业项目	考核内容	配分	评分标准	评分记录	扣分	得分
1	拟定仓储合同	仓储合同包括的内容是否齐全，内容是否合理	40	每错、漏一项扣3分，扣完为止			
2	签订合同	是否成功签订合同	20	未签订合同，此题按0分计			
3	文明、礼貌讨论	遵守课堂纪律，节约使用纸张、保持教室整洁	15	每项扣5分，扣完为止			
		其他小组成员上台展示时能否保持安静	15	小组大声喧闹，此项按0分计			
4	团队合作能力	团队合作意识，注重沟通，能自主学习及相互协作	10	不参加者或中途离开者扣2分			
5	合计		100				

学习任务2　储位规划

学习目标

(1)能根据储位规划原则判别商品存放需求。
(2)能独立对存储空间进行规划配置。
建议课时:4课时
学习地点:物流实训室

学习准备

(1)设备:电脑、互联网资源、仓储管理系统、多媒体设备。
(2)学生分组:把学生分成若干组,5个学生为一组。

一、任务引入

某公司是一家大型的连锁企业,现由于配送中心内部储位规划不合理,导致商品出入库混乱,配送效率低。这家公司面临的主要问题如下:在货物进库时的库位安排和出库时货物的准确提取都需要进行大量的数据处理,虽然保管员能够根据他的管理经验来进行操作,但在面临着货物流动量的不断增大,这种管理方式必然造成了信息提取错误或时间漫长,无效的搬运活动增加,工作效率低下。仓库平面图如图2-2所示。请你根据以上信息,制订一个储位优化方案。

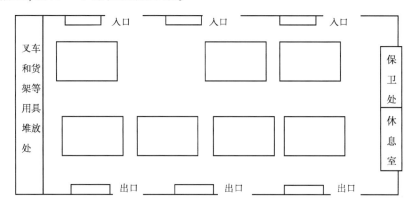

图2-2 某连锁企业配送中心平面图

二、知识链接

1. 储位规划的要求和原则

1) 储位规划的要求

(1) 充分有效地利用空间。

(2) 尽可能提高人力资源及设备的利用率。

(3) 有效地保护好商品的质量和数量。

(4) 维护良好的储存环境。

(5) 使所有在储货物处于随存随取状态。

2) 储位规划的基本原则

(1) 储位明确化。在仓库中所储存的商品应有明确的存放位置。

(2) 存放商品合理化。每一商品的存放是遵循一定的规则精细指定的。

(3) 储位上商品存放状况明确化。当商品存放于储位后,商品的数量、品种、位置、拣取等变化情况都必须正确记录,仓库管理系统对商品的存放情况明确清晰。

2. 储位规划要素

1) 储存空间管理

侧重商品保管功能为主的仓库,主要考虑保管空间的储位分配。

侧重流通转运为主的仓库,主要考虑保管空间的储位如何能够提高拣货和出货的效率。

在储位配制规划时,需先确定储位空间,而储位空间的确定必须综合考虑空间大小、桁柱排列、有效储存高度、通道、搬运机械的回旋半径等基本因素。

2) 商品管理

处于保管中的商品,由于不同的作业需求使其经常以不同的包装形态出现,包装单位不同其设备和存放方式也不一样。

对商品保管的影响因素还有：

(1)供应商。商品由谁以什么方式供应,有无行业特点;

(2)商品特性。商品的品种、规格、体积、重量、包装、周转速度、季节分布、理化性能等因素;

(3)商品的进货时间及数量。商品采购时间,进货到达时间,商品的产量、进货量、库存量等。

3) 人员管理

人员包括保管、搬运、拣货作业人员等。

在储存管理中由保管人员负责商品管理及盘点作业,拣货人员负责拣货、补货作业,搬运人员负责入库、出库、翻堆作业。

为了既提高作业效率,又达到省力的目的,首先,作业流程必须合理,精简高效;其次储位配置及标示必须简单、清楚;最后,表单简要、统一且清晰。

4) 相关因素

(1)设备。主要包括储存设备、搬运与运输设备两大类。

(2)辅助物品。辅助物品主要包括包装材料与容器、转运托盘等。

3. 储位规划的方法

1) 仓库分区

仓库分区是根据仓库建筑形式、面积大小、库房、货场和库内道路的分布情况,并结合考虑商品分类情况和各类商品的储存量,将仓库划分为若干区域,确定每类商品储存的区域。库区的划分一般在库房、货场的基础上进行,多层库房分区时也可按照楼层划分货区。

2) 储位确定

在进行储区规划时应充分考虑商品的特性、轻重、形状及周转率情况,根据一定的分配原则确定商品在仓库中具体存放的位置。

(1)根据商品周转率确定储位。

计算商品的周转率,将库存商品周转率进行排序,然后将排序结果分段或分列。将周转率大、出入库频繁的商品储存在接近出入口或专用线的位置,以加快作业速度和缩短搬运距离。周转率小的商品存放在远离出入口处,在同一段或同列内的商品则可以按照定位或分类储存法存放。

(2)根据商品相关性确定储位。

有些库存的商品具有很强的相关性,相关性大的商品,通常被同时采购或同时出仓,对于这类商品应尽可能规划在同一储区或相近储区,以缩短搬运路径和拣货时间。

(3)根据商品特性确定储位。

为了避免商品在储存过程中相互影响,性质相同或所要求保管条件相近的商品应集中存放,并相应安排在条件适宜的库房或货场。即将同一种货物存在同一保管位置,产品性能类似或互补的商品放在相邻位置。将相容性低,特别是互相影响其质量的商品分开存放。这样既提高作业效率,又防止商品在保管期间受到损失。

特殊商品的储区规划有以下注意事项:

①易燃物品必须存放在具有高度防护作用的独立空间内,且必须安装适当的防火设备;

②易腐 需储存在冷冻、冷藏或其他特殊的设备内;

③易污损物品需与其他物品隔离;

④易窃物品必须隔离封闭管理。

(4)根据商品体积、重量特性确定储位。

在仓库布局时,必须同时考虑商品体积、形状、重量单位的大小,以确定商品所需堆码的空间。通常,重大的物品保管在地面上或货架上获得下层位置。为了适应货架的安全并方便人工搬运,人腰部以下的高度通常宜储放重物或大型商品。

(5)根据商品先进先出的原则确定储位。

先进先出即指先入库的商品先安排出库,这一原则对于寿命周期短的商品尤其重要,如食品、化学品等。在运用这一原则时,必须注意在产品形式变化少、产品寿命周期长、质量稳定不易变质等情况下,要综合考虑先进先出所引起的管理费用的增加,而对于食品、化学品等易变质的商品,应考虑的原则是"先到期的先出货"。

除上述原则外,为了提高储存空间的利用率,还必须利用合适的积层架、托盘等工具,使商品储放向空间发展。储放时尽量使货物面对通道,以方便作业人员识别标号、名称、提高货物的活性化程度。保管商品的位置必须明确标示,保管场所必须清楚,易于识别、联想和记忆。另外,在规划储位时应注意保留一定的机动储位,以便当商品大量入库时可以调剂储位的使用,避免打乱正常储位安排。

三、小组讨论

(1)储位规划的要素有哪些?

_____

_____

(2)根据储位规划方法,确定以下商品在仓库(参考图2-2)中的储位,主要商品:饮料、新鲜蔬菜、袋装食品、电视机、洗衣机、打火机、花生油。

四、制订方案

(1)分组讨论,如何对连锁店内的商品进行分类,主要包括什么性质的商品?

_____

_____

_____

(2)请根据商品分类,进行储位规划,并画出优化图。

五、实施方案

按照已制订好的方案进行练习,并且每组要派代表上台展示。

六、评价反馈

当一组学生操作时,另一组学生按照以下的评分标准(表2-4)进行评分。

任务评价表　　　　　　　　　　　　　　　　　　　　　表2-4

班级:　　　　　　　　　组别:　　　　　　　　　姓名:

序号	作业项目	考核内容	配分	评分标准	评分记录	扣分	得分
1	列出储位规划的要素	储位规划的要素	20	每错、漏一项扣3分,扣完为止			
2	为指定商品规划储位	储位规划的原则和方法	20	每错一项扣3分,扣完为止			
3	制订连锁店储位优化方案	商品分类以及储位规划	30	每错、漏一项扣5分,扣完为止			
4	文明、礼貌讨论	遵守安课堂纪律,节约使用纸张、保持教室整洁	10	每项扣5分,扣完为止			
		其他小组成员上台展示时能否保持安静	10	如果大声喧闹,此项按0分计			
5	团队合作能力	团队合作意识,注重沟通,能自主学习及相互协作	10	不参加者或中途离开者扣2分			
6	合计		100				

学习任务3　商品编码

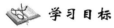

(1)掌握6种商品编码的方法。
(2)能独立对商品进行编码。

建议课时:4课时

学习地点:物流实训室

📖 学习准备

学生分组:将学生分成若干组,3个学生为一组。

一、任务引入

某配送中心收到一批海尔冰箱(20台),这20台冰箱包括灰色、白色和红色这三种颜色。现需要对该批货物进行编码入库,请选择其中一种编码方法对该批海尔冰箱进行编码。

二、知识链接

1. 货物编码的概念

商品编码,又称商品货号或商品代码,它赋予商品以一定规律的代表性符号。符号可以由字母、数字或特殊标记等构成。

2. 商品编码的原则

商品编码有以下原则:

(1)唯一性;

(2)简易性;

(3)弹性扩充;

(4)充足性;

(5)安全性;

(6)一贯性;

(7)计算机易处理性。

3. 商品编码的方法

1)流水编码方法

常见的流水编码方法见图2-3。

```
例如:     编号        商品名称
          1           香皂
          2           肥皂
          3           洗涤剂
          ⋮           ⋮
          N           洗衣粉
```

图2-3 流水编码

2) 分组编码法

例如,货物编码 075006110 可以描述为:

商品	类别	形状	供应商	尺寸大小	意义
编码 075006110	07	5	006	110	饮料 圆瓶 统一 100×200×400

3) 实际意义编码法

例如,编码 FO4915B1:

编码 FO4915B1	含义
FO	表示 FOOD,食品类
4915	表示 4×9×15,尺寸大小
B	表示 B 区,商品存储区号
1	表示第一排货架

4) 暗示法编码法

例如,编码 BY005WB10:

属性 编码	商品名称 BY	尺寸 005	颜色与形式 WB	供应商 10
含义	表示自行车 (bicycle)	表示大小型号为 5 号	表示白色 white 表示小孩型(boys)	表示供应商的代号

5) 后数位编码法

利用编号末尾数字,对同类商品进一步分类。

6) 数字分段法

把数字分段,每一段代表一共同特性的一类商品。

三、小组讨论

(1) 商品编码的方法有哪些?

_____

_____

(2) 商品编码遵循的原则是什么?

_____

_____

_____

四、制订方案

（1）分组讨论，选其中的一种编码方法。

_____
_____
_____

（2）根据编码方法对 20 台冰箱进行编码。

_____
_____
_____
_____
_____

五、实施方案

按照已制订好的方案来进行练习，并每组派代表上台展示。

六、评价反馈

当一组学生操作时，另一组学生按照以下的评分标准（表2-5）进行评分。

任务评价表　　　　　　　　　　　　　　　表2-5

班级：　　　　　　　　组别：　　　　　　　　姓名：

序号	作业项目	考核内容	配分	评分标准	评分记录	扣分	得分
1	列出商品编码的方法	商品编码方法	30	每错、漏一项扣3分，扣完为止			
2	对20台冰箱进行编码	商品编码的原则和方法	40	每错、漏一项扣2分，扣完为止			
3	文明、礼貌讨论	遵守安课堂纪律，节约使用纸张，保持教室整洁	10	每项扣5分，扣完为止			
		其他小组成员上台展示时能否保持安静	10	小组大声喧闹，此题按0分计			
4	团队合作能力	团队合作意识，注重沟通，能自主学习及相互协作	10	不参加者或中途离开者扣2分			
5	合计		100				

学习项目 3 货 物 入 库

 学习目标

(1) 熟悉仓库入库作业流程。
(2) 懂得进行仓库入库作业操作。
(3) 掌握仓库入库的单证制作、审核。
(4) 能准确及时地办理货物的入库验收及交接手续。
(5) 熟悉验收阶段各种问题货物的处理。
(6) 能熟练运用相关设备进行入库操作。
(7) 能够根据商品特性,对在库商品分类分区管理,并会编制货物编码。

建议课时:8 课时

学习任务 1 入库订单处理

 学习目标

(1) 学会仓库入库作业流程。
(2) 懂得进行仓库入库作业操作。
(3) 掌握仓库入库的单证制作、审核。

建议课时:2 课时
学习地点:物流实训室

 学习准备

(1) 设备:电脑、打印机、多媒体设备、互联网资源、仓储管理系统。
(2) 资料:入库通知单、入库单据、入库订单处理学习资料。
(3) 学生分组:每 3~5 名学生为一组,每组设一名组长,组员间进行合理分工。

一、任务引入

2009年1月20日,广州外贸公司通过电子邮件向广州木材储备仓库申请将100件A级橡木由其公司配送员送至仓库。时间为早上10点整。在货物送到之前,仓库物流信息部门的人员需要根据客户的入库申请来完成仓储管理系统的入库订单处理及打印。入库通知单见表3-1。

表3-1

仓库名称:广州木材储备仓库　　　　　　　　　　　　　　　　2009年1月20日

批次	09001					
采购订单号	20090120001					
客户指令号	20090120002		订单来源	电子邮件		
客户名称	广州外贸公司		质量	A级 正品		
入库方式	送货		入库类型	正常		
序号	货品编号	名称	单位	规格(cm)	申请数量	实收数量	备注
1	54612	橡木	件	100×20×20	100		
				合　计			

(备注:第一联仓库作;第二联财务留作;第三联仓库记账)
送货员:　　　　　　　　　　　　　　　　　　　　　　　　　仓管员:

二、知识链接

1. 入库单的概念及作用

入库单是记录入库物料信息的单据,它应记录物料的名称、编号、实际验收数量、进货价格等内容。

(1)部分公司以入库单代替了验收单,所以入库单对于公司采购来讲是非常重要的;

(2)无出入库的管理,公司就无法得知任何时点的库存状况(零库存除外);无法配合采购人员提供合理的库存数量,容易造成存货的利用不充分;

(3)影响财务记账的充分性;

(4)入库单是对采购实物入库数量的确认,对采购人员和供应商是一种监控。

2. 入库单的种类

1)外购物料入库单

外购物料入库单是指企业从其他单位采购的原材料或产品入库时所填写的单据。它除了记录物料的名称、编号、实际验收数量、进货价格等内容外,还要记录与采购有关的合同编号、采购价格、结算方式等内容,其具体格式如表3-2所示。

物 品 入 库 单　　　　　　　　表3-2

采购合同号：　　　　　　件数：　　　　　　入库时间：

物品名称	品种	型号	编号	数量			进货单价	金额	结算方式	
				进货量	实点量	量差			合同	现款

采购部经理：　　　　采购员：　　　　仓管员：　　　　核价员：

说明：该表一式三联，第一联留做仓库登记实物账；第二联交给采购部门，作为采购员办理付款的依据；第三联交给财务记账。

2）成品/半成品入库单

成品/半成品入库单是用以表示制造企业自己生产的产品储存于仓库的凭证。它除了包括物品的基本信息外，还应该包括产品的生产日期、质量检验等内容，具体格式如表3-3所示。

成品/半成品入库单　　　　　　　　表3-3

编号：　　　　　　□成品　□半成品　　　　入库日期：

物品名称	型号	规格说明	编号	数量	生产日期	批号	检验单号	备注

经办人：　　　　　　复核人：　　　　　　仓管员：

说明：产品入库单一般一式三联，一联留做仓库存根记账，一联交生产部，一联交财务部核算及记账。

3．入库单的流转程序

入库单的流转程序就是指由谁开具，由谁填写，由谁审批，需要哪些人签字。

（1）当材料到达仓库，经检验员检查确定质量合格后，采购员应一式五联及时填写材料入库单。填写内容包括××仓库、日期、供应单位、材料代码、材料名称、规格、单位、数量，并在最后一行"制单"处由采购员签字或盖章；"材质检验"处由检验员签字或盖章；"验收"处由仓库保管员签字或盖章。在材料入库单上签字或盖章，主要是明确责任，由检验员负责质量是否合格，仓库保管员负责数量是否与实物相符。采购员自留第一联备查，其余四联转给仓库记账员。

（2）仓库记账员在一式四联（不包括第一联）填写材料的单价（计划价格）、合计金额、总计金额，并且在最后一行"记账"处签字或盖章。

①仓库记账员自留第二联，作为记账的依据；

②仓库记账员留下第四联,备月底汇总后转财务部门的材料核算员;

③仓库记账员将第三联及时转给采购员,采购员在收到供应商的发票后,经核对无误,将第三联附在发票后面,到财务部门报账;

④仓库记账员将第五联转给仓库保管员留抵备查。

(3)月末时,仓库记账员将第四联汇总后转财务部门的材料核算员。材料核算员将本月收到的第四联入库单连同以前月份结存的第四联入库单,按库别汇总在一起,通过查阅"材料采购"明细账,以当月取得发票后附的第三联入库单为基准,将对应的第四联挑选出来,作为本月购入材料的计划成本,汇总后作为原始凭证附于记账凭证之后,根据汇总的计划金额,填制分录,借记"原材料",贷记"材料采购"。

(4)挑选之后结存的第四联表示材料已入库,但发票未到,仍由材料核算员保管,待次月末再重新挑选,并汇总数据后作为材料估价入库的依据,但不附于记账凭证之后,根据汇总金额,借记"原材料",贷记"应付账款——暂估应付款"。

(5)由于入库单右上角标有"供应单位",月末通过材料核算员的第四联入库单,可以分库别、分单位对估价入库的材料进行汇总,进而可以掌握有哪些供应商存在货到未开具发票的情况,计划金额是多少,便于及时与供应商联系,催促发票尽快入账。

三、小组讨论

(1)入库单各联次的作用是什么?

_____

_____

(2)填写纸质入库单,如图3-1所示。

(3)学习仓储实训系统说明,录入入库订单。

步骤一:登录信息系统

使用给定的用户名和密码登录仓储管理系统。登录成功后出现的订单处理功能菜单如图3-2所示。

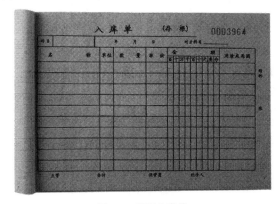

图3-1 纸质入库单

图3-2 订单处理主要功能按钮

步骤二:录入入库订单。

点击菜单中的【入库订单】,进入图 3-3 所示的界面。

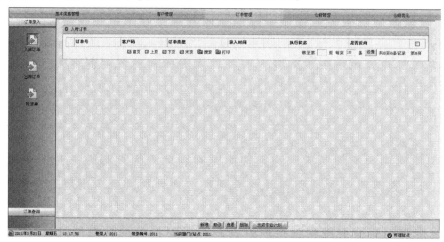

图 3-3 新增订单

点击如图 3-3 所示订单中的【新增】,进入入库订单录入界面。【订单信息】录入完毕的屏幕显示如图 3-4 所示。

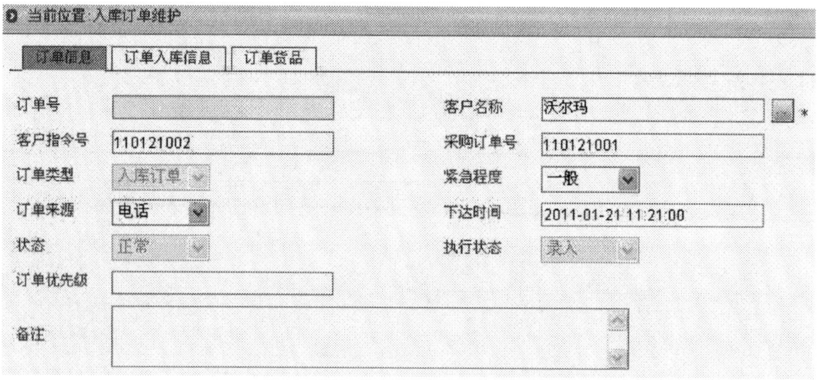

图 3-4 订单信息

【订单入库信息】录入完毕后的屏幕显示如图 3-5 所示。

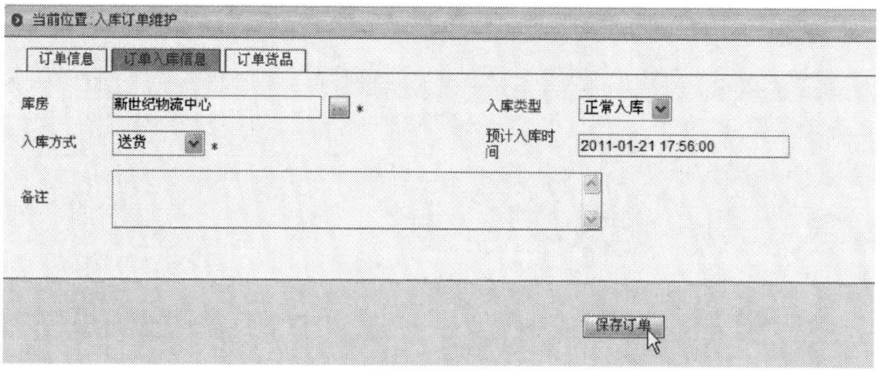

图 3-5 订单入库信息

【订单货品】录入完毕的屏幕显示如图3-6所示。

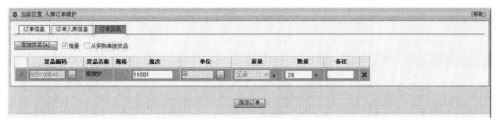

图3-6 订单货品

点击如图3-6所示的【保存订单】按钮,结束入库订单录入。

步骤三:生成作业计划。

入库订单录入完毕后的界面如图3-7所示。

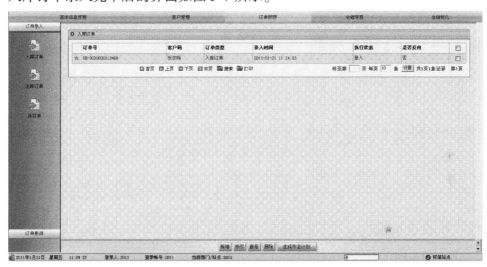

图3-7 生成作业计划

在图3-7中,勾选已录入完毕的订单,然后点击【生成作业计划】,出现如图3-8所示界面。

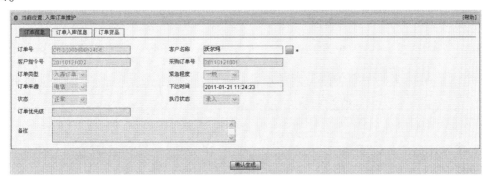

图3-8 确认生成

点击图3-8中的【确认生成】,则入库订单生成作业计划生成完毕。

步骤四:打印入库单

点击图 3-9 中的【入库单打印】，出现如图 3-9 所示的界面。

图 3-9　单据打印

在图 3-9 中，在该条订单后的下拉复选框中选择【打印】，弹出的打印窗口如图 3-10 所示。

在图 3-10 中，选择打印单据类型为入库单，然后点击【打印】，即可打印纸质入库单。

至此，入库订单处理操作完毕。

(4) 填写入库订单操作顺序。

_____

_____

_____

_____

_____

图 3-10　打印单据类型

四、制订方案

小组成员分工进行入库订单处理操作情景模拟。

步骤一：具体分工见表 3-4

分　工　表　　　　　　　　　　表 3-4

角色	任务	分工方案 1	分工方案 2	分工方案 3
配送员	扮演角色			
提货员	扮演角色			
记录员	跟踪记录场景展示过程并点评			
摄像员	拍摄图片、视频			
观察员	观察组员并作点评			

步骤二：_____

步骤三：_____

五、实施方案

按照已制订好的方案进行练习，各组派代表上台展示。

六、评价反馈

当一组学生在操作时,另一组学生按照以下的评分标准(表3-5)进行评分。

任务评价表　　　　　　　　　　　　　　　　　　　　表3-5

班级:　　　　　　　　　　组别:　　　　　　　　　　姓名:

序号	作业项目	考核内容	配分	评分标准	评分记录	扣分	得分
1	填写纸质入库单据	根据送货单填写入库单据	25	每错、漏一项扣3分,扣完为止			
2	填写入库订单操作顺序	入库订单操作顺序	30	每少一流程扣5分			
				每个流程作业不全面扣1~4分			
3	入库订单打印	入库订单打印	20	每错、漏一项扣5分,扣完为止			
4	安全文明生产	遵守安全操作规程,正确使用设备、操作现场整洁	10	每项扣5分,扣完为止			
		安全用电,防火,无人身、设备事故	10	因违规操作发生重大人身和设备事故,此题按0分计			
5	团队合作能力	团队合作意识,注重沟通,能自主学习及相互协作	5	不参加者或中途离开者扣2分			
6	合计		100				

学习任务2　入库验收(拓展:问题处理)

学习目标

(1)能熟练、准确地办理货物的入库验收手续。
(2)熟悉验收阶段各种问题货物的处理。
(3)熟悉入库验收单据的填写和制作。

建议课时:2课时

学习地点:物流实训室

学习准备

(1)设备:笔、模拟货物及包装箱。

(2)资料:送货单、货物资料、采购清单、交接清单、入库单。

(3)学生分组:每3~5名学生为一组,每组设一名组长,组员间进行合理分工。

一、任务引入

2011年1月21日,北京新世纪物流中心信息部人员将打印完毕的沃尔玛入库单交给物流中心实训库房的仓管员张力。上午10:00,张力收到客户沃尔玛送来的一批货物,入库单如表3-6所示。

入 库 单　　　　　　　　　表3-6

作业计划单号	0000000000023124			日期			
入库中心	新世纪物流中心		应收总数	28		应收总数	
客户名称	沃尔玛		客户编码	WM0100646		客户指令	
产品名称	条形码	规格	单位	应收	实收	货位号	批号	备注
微波炉	9787799510521		箱	28			11001	
仓管员				送货人				

客户沃尔玛的送货员李铭凭送货单来送货,送货单如表3-7所示。

送 货 单　　　　　　　　　表3-7

TO:新世纪物流中心							编号:			
地址:				电话:			日期:2010年1月21日			
FROM:沃尔玛										
地址:				电话:						
序号	订单号	品名	编号	规格	单位	数量	单价	金额	备注
		微波炉			箱	28			
客户验收意见									
发货人:		日期:		收货人:		日期:			

张力需要根据以上信息完成货物的入库交接工作。

二、知识链接

1. 入库验收

货物接收的具体步骤如图3-11所示。

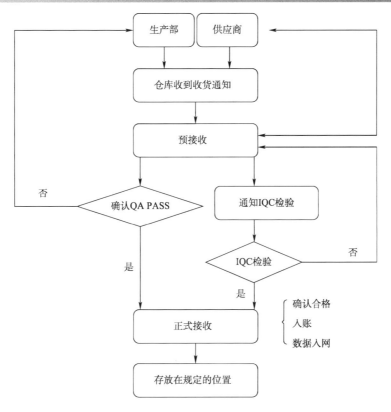

图 3-11　物料接收的具体步骤

1）预接收

货物运抵仓库后,仓库收货人员首先要检验货物入库凭证,然后按货物入库凭证（如图 3-12 所示）所列的收货单位、货物名称、规格数量等具体内容,逐项与货物核对。如发现送错,应拒收退回；一时无法退回的,应进行清点并另行存放,然后做好记录,待联系后再处理。经复核查对无误后,即可进行下一道工序。

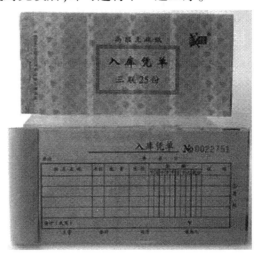

图 3-12　实物入库单

2）货物验收

货物验收是按照验收业务作业流程，核对凭证等规定的程序和手续，对入仓货物进行数量和质量检验的经济技术活动的总称。通知 IQC 检验的方式主要有两种：开来料报告单和直接转交送货单。

(1) 开来料报告单，通知品质部 IQC 进行检验。

来料报告单上详细地描述了过程要求，如检查期限、注意事项、编号、追溯、检查结果、处理结果等，有利于物料的管控。但这种方法要多开一次单，显得比较麻烦。其具体的过程如图 3-13 所示。

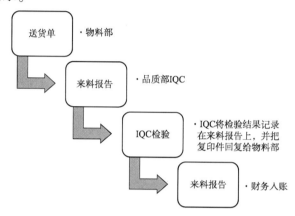

图 3-13　开来料报告单通知 IQC

(2) 直接转交送货单，通知 IQC 检验。

经过登记后在送货单上加盖本公司的编号印记后直接转交 IQC。此方法比较简单，但不容易追溯，一旦送货单遗失就无法查考了。其过程如图 3-14 所示。

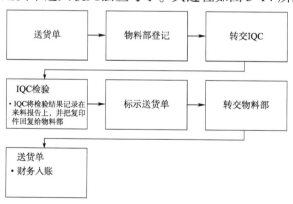

图 3-14　直接转交送货单通知 IQC

3）依据检验结果处理相关物料

按检验结果处理物料的过程如图 3-15 所示。

4）正式接收

货物经检验合格后，由保管员或收货员根据验收结果，在货物入库单上签收。办理货物入库手续包括登账、立卡、建档等工作，这是货物验收入库阶段的最后环节。

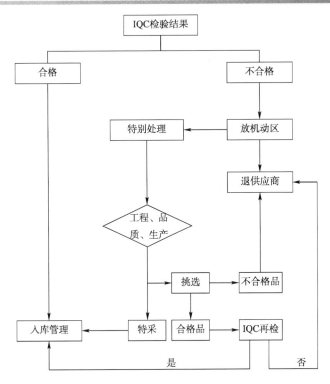

图 3-15　按检验结果处理物料的流程

（1）登账

仓库应建立详细的商品仓储明细账,登记货物入库、出库、结存的详细情况,用以记录库存商品动态和入出库过程,如图 3-16 所示。

货物入库明细账卡						卡号	
						货主名称	
						货位	
品名			规格型号				货物验收情况
计量单位			供应商名称				
应收数量			送货单位名称				
实收数量			包装情况				
年			入库数量	出库数量	结存数量	备注	
月 日	收发凭证号	摘要	件数	件数	件数		

图 3-16　商品入库明细账

登账的主要内容有:名称、规格、数量、件数、累计数或结存数、存货人或提货人、批次、金额、注明货位号或运输工具、接(发)货经办人。

登账的规则有:

①必须以正式合法的凭证为依据;
②记账应连续、完整,不得跳行、隔页;
③用蓝色、黑色墨水笔记账,用红色墨水笔改错、冲账等;
④数字改写应占空格的2/2。

(2)立卡

商品入库或上架后,将商品名称、规格、数量或出入状态等内容填在料卡上,成为立卡。立卡又称为货卡、料卡或保管卡,它是一种商品的标签,插放在货架上的商品下方货物支架上或摆放在货垛正面明显位置。立卡按其作用不同,可分为状态卡、标志卡、储存卡。不同形式的货卡如图3-17、图3-18所示。

待　检	合　格	待　处　理
供应商名称	供应商名称	供应商名称
图　号	图　号	图　号
名　称	名　称	名　称
进货日期	进货日期	进货日期
批　号	批　号	批　号
生产日期	生产日期	生产日期
标记日期	标记日期	标记日期
标记人	标记人	标记人
备　注	备　注	备　注

注:储存卡用于表明货物的入库、出库与库存动态的标识。

图3-17　状态卡

(3)建档

商品入库应及时建立相应的档案,将入库商品相关的依据、凭证、技术资料分类归档保存,其目的是为了更好地管理商品的凭证、资料。商品建档有助于提高科学管理水平。商品档案应一物一档,统一编号,妥善保管。

图3-18　商品储存卡

(4)签单

货物验收入库后,应该及时按照仓库货物验收记录的要求签回单据。签单作用是:

①向供货单位和存货单位表明收到货物的情况,包括对收到货物的品名、规格、数量、质量等情况的确认,也是以后财务上费用结算的依据,如果有特殊情况的可再单据上的备注栏详细注明,并且签字或加盖公章;

②如有短少等情况可以作为存货单位向供货单位交涉的依据,在这种情况下签单必须有存货单位或者供货单位的相

关人员在场并确认情况属实;所以签单必须准确无误。

2. 问题处理

1) 数量检验

(1) 件数不符:在点收时,如发生件数与通知单所列不符,经复点确认后,应在送货单各联上批注清楚,并按实际数量签收。同时由仓管人员与承运人共同签章。经验收核对确认,由仓管人员将已查明的短少物料的品名、规格、数量通知承运单位和供应商,并开出短料报告,要求供应商补料,如表3-8所示。

短 料 报 告　　　　　　　　　　　表3-8

TO:		产品序列号:	
FR:		日期:	
货物编码			
供应商		订单号	
来料日期		短料数量	
收料仓员		要求补回数量	
短料原因			
仓储主管核实		质检证明	
处理意见		请供货商在_____前补回短料数	

(2) 包装异状:接收货物时,如发现包装有异状,仓管人员应会同送货人员开箱、拆包检查,查明残损或细数短少情况,由送货人员出具物料异状记录,或在送货单上注明。同时应另行堆放,不要与以前接收的同种货物混合在一起。如果货物包装损坏严重,仓库不能修复,应通知供应商人员协助整理,然后再接收。

(3) 货物串库:在点收本地入库物品时,如发现货与单不符,有部分物品错送来库的情况(俗称串库),仓管人员应将这部分与单不符的物品另行堆放,待应收的物品点收完毕后,交由送货人员带回,并在签收时如数减除。如在验收、堆码时才发现串库物品,仓管人员应及时通知送货员办理退货更正手续,不符的物品交送货或运输人员提走。

(4) 物品异状损失,指接货时发现物品异状和损失的问题。设有铁路专用线的仓库,在接收物品时如发现短少、水渍、玷污、损坏等情况,由物控人员直接与交通运输部门交涉。如遇车皮或船舱铅封损坏,经双方会同清查点验确有异状、损失情况的,应向交通运输部门按章索赔。如该批物品在托运之时,供应商另有附言,损失责任不属交通运输部门的,也应请其做好记录,以分清责任,并作为必要时向供应商要求赔偿损失的凭证。

2) 品质检验

(1) 凡物品质量不符合规定要求时,应及时向供货单位办理退货、换货。

(2) 物品规格不符或错发时,应将情况做成验收记录交给主管部门办理退货。

3) 单据检验

入库货物必须具备入库通知单,订货合同副本,供货单位提供的材质证明书、装箱单、磅码单、发货明细表以及承运单位的运单等资料。凡资料未到或资料不齐的,应及时向供货单位索取。该物品则作为待验物品堆放在待验区,待与物品相关的资料到齐后再验收。

三、小组讨论

(1)讲述货物入库验收的流程和内容。

_____

_____

(2)货物验收时可能遇到什么问题,该如何解决?

_____

_____

(3)完成任务相关单据的填写。

四、制订方案

小组成员分工进行货物验收处理操作情景模拟。

步骤一:具体分工见表3-9。

分 工 表　　　　　　　　表3-9

角 色	任 务	分工方案1	分工方案2	分工方案3
仓管员	扮演角色			
送货员	扮演角色			
记录员	跟踪记录场景展示过程并点评			
摄像员	拍摄图片、视频			
观察员	观察组员并作点评			

步骤二:_____

步骤三:_____

五、实施方案

按照已制订好的方案进行练习,各组派代表上台展示。

六、评价反馈

当一组学生在操作时,另一组学生按照以下的评分标准(表3-10)进行评分。

任务评价表　　　　　　　　　　　　　　　　　　　　　表 3-10

序号	作业项目	考核内容	配分	评分标准	评分记录	扣分	得分
1	填写纸质单据	入库单据的填写	20	每错、漏一项扣3分,扣完为止			
2	货物验收操作顺序	货物验收操作顺序	25	每少一流程扣5分			
				每个流程作业不全面扣1~4分			
3	验收问题处理	货物验收出现问题时的处理方法	30	每错、漏一项扣5分,扣完为止			
4	安全文明生产	遵守安全操作规程,正确使用设备、操作现场整洁	10	每项扣5分,扣完为止			
		安全用电,防火,无人身、设备事故	10	因违规操作发生重大人身和设备事故,此题按0分计			
5	团队合作能力	团队合作意识,注重沟通,能自主学习及相互协作	5	不参加者或中途离开者扣2分			
6	合计		100				

学习任务3　入库理货

学习目标

(1)熟悉理货员岗位职责及理货员工作流程。
(2)掌握理货员业务操作。
(3)熟悉理货过程中的相关单据。
(4)能熟练运用手持终端进行理货操作。
建议课时:2课时
学习地点:物流实训室

学习准备

(1)设备:手持终端、托盘及任务中涉及的模拟货物,各规格包装箱、签字纸、笔。
(2)资料:理货清单、残损报告单。

(3)学生分组:每3~5名学生为一组,每组设一名组长,组员间进行合理分工。

一、任务引入

现有一批包装规格为600mm×300mm×220mm的微波炉28箱(托盘堆码信息见表3-11)要入仓库,其中4箱包装有损毁,需要拆装后重新包装再入库,理货员该怎么做?

托盘堆码基础信息 表3-11

序号	货物信息				托盘信息
	货物名称	数量(箱)	包装箱规格	层高标识(层)	
1	微波炉	28	600mm×300mm×220mm	4	

注:①不同名称货物不得堆码在同一托盘上;
②单元货物,即堆码完毕的托盘货物底面长、宽最大偏差为+40mm。

二、知识链接

1. 货物堆放的一般性原则

(1)多利用货仓空间,尽量采取立体堆放方式,以提高货仓实用率。

(2)利用机器装卸,如使用堆高机等,以增加物料堆放的空间。

(3)通道应有适当的宽度,并保持装卸空间,以保证物料搬运的顺畅,同时不影响物料装卸工作效率。

(4)不同的物料应依物料本身形状、性质、价值等而考虑采用不同的堆放方式。

(5)物料的仓储要考虑先进先出的原则。

(6)物料的堆放,要考虑储存数量读取方便。

(7)物料的堆放应容易识别与检查,良品、不良品以及呆料、废料应分开堆放。

2. 货物存放的基本方法

仓库应根据货物的特性、包装方式和形状、保管的需要,确保货物质量、方便作业和充分利用仓容及仓库的条件确定存放方式。仓库货物存放的方式有:地面平放式、托盘平放式、货架存放式。

1)地面平放式

(1)散堆法:散堆法适用于露天存放的没有包装的大宗货物,如煤炭、矿石、黄沙等。也可适用于库内的少量存放的谷物、碎料等散装货物。

(2)堆垛法:对有包装的货物或裸装计件的货物,采取地面堆垛的方式储存,具体的堆垛方式见图3-19。

2)托盘存放式

(1)重叠式:即各层码放方式相同,上下对应。这种方式的优点是,工人操作速度快,包装货物的四个角和边重叠垂直,承载能力大。缺点是各层之间缺少咬合作用,容易发生塌垛。在货物底面积较大的情况下,采用这种方式具有足够的稳定性,如果再配上相应的紧固方式,则不但能保持稳定,还可以保留装卸操作省力的优点,如图3-20a)所示。

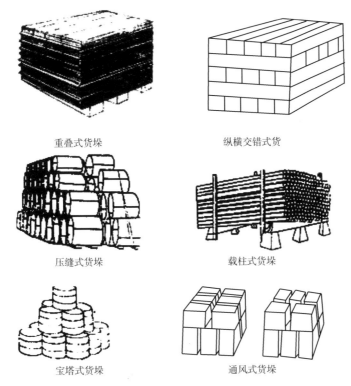

图3-19 常见堆垛法

（2）纵横交错式：相邻两层货物的摆放旋转90°,一层横向放置,另一层纵向放置。每层间有一定的咬合效果,但咬合强度不高,如图3-20b)所示。

（3）正反交错式图,同一层中,不同列的货物以90°角垂直码放,而奇数层和偶数层之间成180°进行堆码的方式见图3-20c)。

（4）压缝式：压缝式堆码将垛底层排列成正方形、长方形或环形,然后起脊压缝上码。上层货品须压在下层货品接缝处,即下层相邻货物缝隙至少被一箱上层货物的底面压上,见图3-20d)。典型的压缝式堆码包括以下两种情况：

①同一层中,不同列的以90°垂直码放,相邻两层的码放形式是另一层旋转180°的形式。这种方式类似于建筑上的砌砖方式,不同层间咬合强度较高,相邻层之间不重缝,因而码放后稳定性较高,但操作较为麻烦,且包装体之间不是垂直面相互承受载荷。

②第一层相邻的两个包装体互为90°,两层间码放又相差180°,这样相邻两层之间互相咬合交叉,货体的稳定性较高,不易塌垛。其缺点是,码放的难度较大,且中间形成空穴,降低托盘的利用效率。

3）货架存放

货架存放适用于小件、品种规格复杂且数量较少、包装简易或脆弱、易损害不便堆垛,特别是价值较高而需要经常查数的货物仓储存放。货架存放需要使用专用的货架设备。常用的货架有:托盘货架、悬臂架、橱柜架、多层立体货架、U形架、板材架、多层平面货架等。

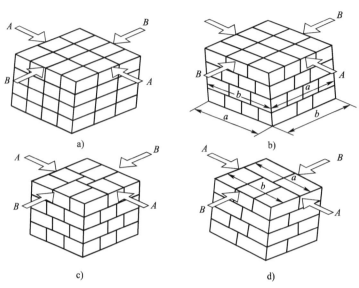

图 3-20　常见托盘堆码方式

3. 特殊物料的堆放

特殊物料指的是易燃、易爆、剧毒、放射性、挥发性、腐蚀性等危险物品,它们的堆放原则因物而异,但也有一些共性原则,主要包括:

(1) 危险物料不能混放,如易燃、易爆品等不能同剧毒品放在一起。

(2) 危险物料最好不要堆放,一定要堆放时必须严格控制数量。

(3) 堆放时一定要确认并保持其原包装状态良好。

(4) 特殊物料不能骑缝堆放。

(5) 特殊物料不能依靠其他物料堆放。

(6) 堆放特殊物料的垛之间必须要有适当的间距。

(7) 放置在货架上的特殊物料不能堆放。

(8) 存放区域周围无影响。

4. 货物堆放注意事项

(1) 三层以上要骑缝堆放,即相邻层面间箱体要互压,箱体间相互联系、合为一体,这样可防止物料偏斜、摔倒。

(2) 堆放的物料不能超出卡板,即堆放的物料要小于卡板尺寸,要求受力均匀平衡,不要落空;这样可防止碰撞、损坏纸箱。

(3) 遵守层数限制,即纸箱上有层数限制标志,要求按层数标志堆放,不要超限,以防止压垮纸箱、挤压物料。

(4) 不要倒放物料,在纸箱上有箭头指示方向,要求按箭头指向堆放,不要倒放或斜放,以防止箱内物料挤压。

(5)纸箱已变形的不能堆放,如果纸箱外部有明显的折痕就不能堆放。受损的纸箱要独立放置,以防止箱内物料受压。

(6)纸箱间的缝隙不能过大,即同层纸箱要有间隔距离,因为纸箱的尺寸可能不一样。堆放要求是最大缝隙应不能大于纸箱,以防止箱内物料受挤压。

三、小组讨论

(1)叙述货物堆放的方法和基本要求

_____
_____
_____
_____

(2)叙述理货的流程

_____
_____
_____
_____

(3)学习利用手持终端进行理货作业

登录手持终端系统(图3-21)后,进入应用操作主功能界面,如图3-22所示。

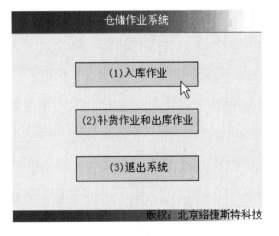

图3-21 登录手持终端　　　　图3-22 手持终端主功能界面

在手持终端主功能界面点击【入库作业】,进入图3-23所示界面。

在图3-23中,点击【入库理货】,进入图3-24所示界面。

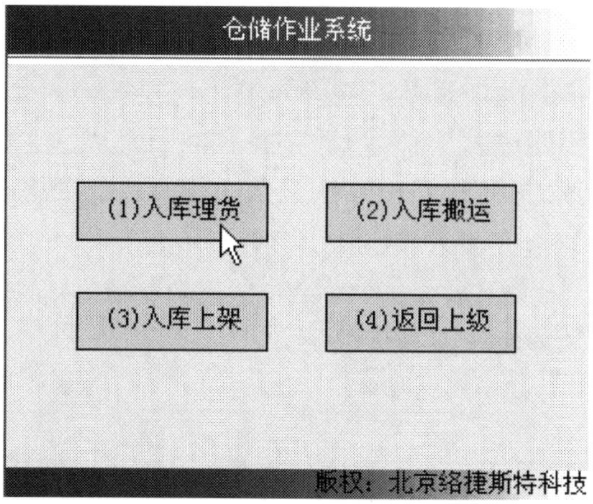

图 3-23 入库作业主要功能按钮

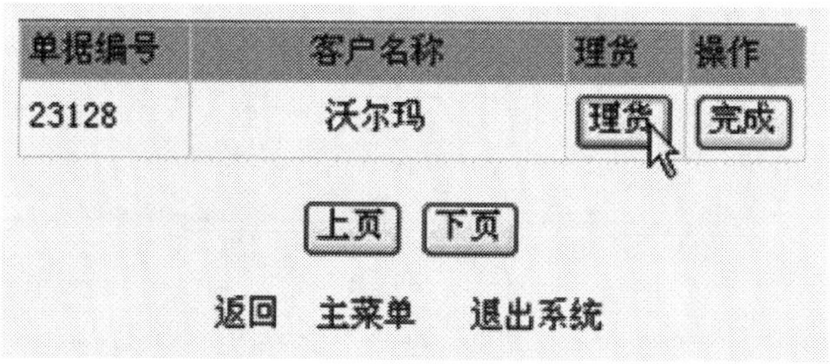

图 3-24 入库理货界面

在图 3-24 中,点击【理货】,进入图 3-25 所示界面。

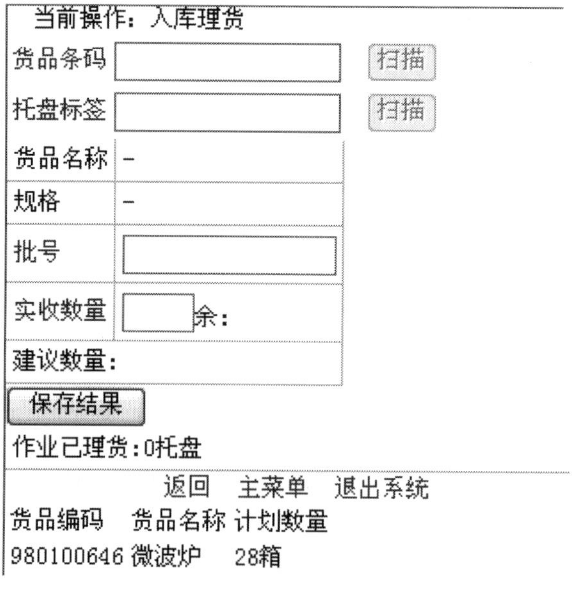

图 3-25 入库理货开始

利用手持终端采集货品条码和托盘标签信息,如图3-26所示。

图3-26 采集货品条码和托盘标签信息

信息采集成功后,手持终端的界面如图3-27所示。

图3-27 信息采集成功界面

在图3-27中,手持终端系统默认一个托盘(托盘规格:1200mm×1000mm)的合理堆码数量为24箱。因此,【实收数量】栏的默认数量显示24。理货人员可根据实际理货数量在此进行修改,如不修改,手持终端系统则按照默认数量记录。

在批号为11001的入库单中,入库计划数量为28箱,但在货物入库验收中发现4箱货物不合格,因此入库实收数量为24箱。操作完成后点击【保存结果】,进入图3-28所示界面。

至此,微波炉的入库理货作业操作完毕。

```
当前操作：入库理货
货品条码 [          ] 扫描
托盘标签 [          ] 扫描
货品名称  -
规格      -
批号     [          ]
实收数量 [    ]余：
建议数量：
[保存结果]
作业已理货：1托盘
微波炉（1托盘24箱）
              返回  主菜单  退出系统
货品编码   货品名称  计划数量
980100646  微波炉    28箱
```

图 3-28　入库理货完毕

四、制订方案

步骤一：_____

步骤二：_____

步骤三：_____

步骤四：_____

步骤五：_____

五、实施方案

按照已制订好的方案进行练习，各组派代表上台展示。

六、评价反馈

当一组学生在操作时，另一组学生按照以下的评分标准(表3-12)进行评分。

任 务 评 价 表　　　　　　　　　　　　表3-12

班级：　　　　　　　　　组别：　　　　　　　　　姓名：

序号	作业项目	考核内容	配分	评分标准	评分记录	扣分	得分
1	托盘堆码	托盘堆码操作	30	每错、漏一项扣3分，扣完为止			
2	理货作业	理货作业操作	25	每少一流程扣5分 每个流程作业不全面扣1~4分			

续上表

序号	作业项目	考核内容	配分	评分标准	评分记录	扣分	得分
3	手持终端操作	手持终端的操作	20	每错、漏一项扣5分,扣完为止			
4	安全文明生产	遵守安全操作规程,正确使用设备、操作现场整洁	10	每项扣5分,扣完为止			
		安全用电,防火,无人身、设备事故	10	因违规操作发生重大人身和设备事故,此题按0分计			
5	团队合作能力	团队合作意识,注重沟通,能自主学习及相互协作	5	不参加者或中途离开者扣2分			
6	合计		100				

学习任务4 入库上架

学习目标

(1)熟悉搬运设备的操作。
(2)能够对库房分区与货位编号进行规划。
(3)熟悉库房内部规划的原则。
(4)熟练掌握库房存储区平面布置的形式。
建议课时:2课时
学习地点:物流实训室

学习准备

(1)设备:手动液压搬运车、手动液压堆高车、手持终端、托盘和模拟货物。
(2)资料:货位表和货位图。
(3)学生分组:每3~5名学生为一组,每组设一名组长,组员间进行合理分工。

一、任务引入

2011年1月21日下午,仓管员张力接到任务指令,需要利用手持终端、叉车等设备将入库理货区堆码好的1号托盘微波炉上架至托盘货架区的正确货位。搬运设备在主通道的单程行驶路线如图3-29中带箭头所示。

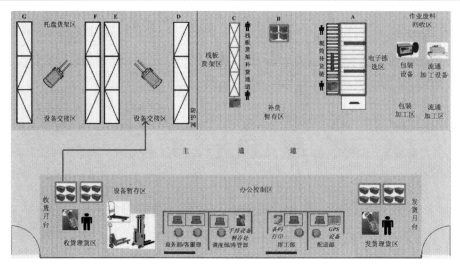

图 3-29　单程行驶路线

二、知识链接

1. 商品编码的方法

1）数字法

数字法是以阿拉伯数字为编号工具，按属性方式、流水方式以及阶层方式等进行编号的一种方法。具体方法如表3-13所示。

数字法编号　　　　　　　　　　　　　表3-13

类　　别	分配号码	类　　别	分配号码
塑胶类	01~15	包材类	46~60
五金类	16~30	化工类	61~75
电子类	31~45	其他类	76~90

2）字母法

字母法是以英文字母为编号工具，按各种方式进行编号的一种编号方法。具体方法如表3-14所示。

字　母　法　编　号　　　　　　　　　　表3-14

采购金额	物料种类	物料颜色
A：高价材料 B：中价材料 C：低价材料	A：五金 B：塑胶 C：电子 D：包材 E：化工	A：红色 B：橙色 C：黄色 D：绿色 E：青色 F：蓝色 G：紫色

3）暗示法

暗示法是以字母或数字作为编号工具进行物料编号的一种编号方法。字母数字与物料能产生一定规律的联想,看到编号能联想到相应的物料。具体方法如表 3-15 所示。

暗 示 法 编 号　　　　　表 3-15

编　　号	螺钉规格(mm)	编　　号	螺钉规格(mm)
03008	3×8	15045	15×45
04010	4×10	12035	12×35
08015	8×15	20100	20×100

4）混合法

以上三种方法综合运用,即字母法、数字法、暗示法同时使用的一种编号方法,此种方法为最佳的一种方法。例如,电风扇塑胶底座(10)、高价(A)、ABS 料(A)、黑色(B)、顺序号(003),其编号为"10-AAB-003"。

2. 货位编码

1）货位编号的要求

货位编号好比商品在库的"住址"。工厂应根据不同库房条件、商品类别和批量整零的情况,搞好货位画线及编排序号,以符合"标志明显易找、编排循规有序"的要求。

(1) 标志设置:采取适当方法,选择适当位置。例如,仓库标志,可在库门外挂牌;库房标志,可写在库门上;货场货位标志,可竖立标牌;多层建筑库房的走道、支道、段位的标志,一般都刷在水泥或木板地坪上。但存放粉末类、软性笨重类货物的库房,其标志也有印置在天花板上的;泥土地坪的简易货棚内的货位标志,可利用柱、墙、顶、梁刷置或悬挂标牌。

(2) 标志制作:统一使用阿拉伯数字制作货位编号标志。在制作库房和走道、支道的标志时,可在阿拉伯数字外再辅以圆圈,并且可用不同直径的圆表示不同部分的标志。

(3) 编号顺序:仓库范围的房、棚、场以及库房内的走道、支道、段位的编号,基本上都以进门的方向左单右双或自左而右的规则进行。

(4) 段位间隔:段位间隔的宽窄取决于储存商品批量的大小。

2）货位编号的方法

(1) 地址法:利用保管区中的现成参考单位如建筑物第几栋、区段、排、行、层、格等,按相关顺序编号,如同地址的市、区、路、号一样。通常采用的编号方法为"四号定位"法,即采用 4 个数字号码对应库房(货场)、货架(货区)、层次(排次)、货位(垛位)进行统一编号的方法。

【例】 编号"3-4-3-8",是指 3 号库房(3 号货场)、4 号货架(4 号货区)、第 3 层(第 3 排)、8 号货位(8 号垛位)。

①货架货位编号。此方法下,库区号是整个仓库的分区编号,货架号则是面向货架

从左至右编号,货架层次号即从下层向上层依次编号,货架列号即面对货架从左侧起横向依次编号。

【例】 3号库区2号货架第4层第3列用"3-2-4-3"表示。

编号时,为防止出现错觉,可在第一位数字后加上拼音字母"K"、"C"或"P"来表示,这3个字母分别代表库房、货场、货棚。如5K-8-3-18,即为5号库,8号货架,第3层,第18号。

【例】 B库房3号货架第4层第2列用"BK-3-4-2"表示。

②货场货位编号。货场货位编号一般有两种方法:按照货位的排列编成排号,再在排号内顺序编号;不编排号,则采取自左至右和自前至后的方法,顺序编号。

【例】 D库房3号位4排2位用"DK-3-4-2"表示。

③以排为单位的货架货位编号。此方法将库房内所有的货架,按进入库门的方向,自左至右安排编号,继而对每排货架的夹层或格眼,在排的范围内以自上至下、自前至后的顺序编号。

【例】 4号库房设置16排货架,每排上下4层,共有16个格眼,其中第6排货架,第8号格眼用"4-6-8"表示。

④以品种为单位的货架货位编号。此方法将库房内的货架,以商品的品种划分储存区域后,再以品种占用储存区域的大小,在分区编号的基础上进行格眼编号。

⑤以货物编号代替货架货位编号。此方法适用于进出频繁的零星散装商品;在编号时要注意货架格眼的大小、多少应与存放商品的数量、体积大小相适应。

【例】 某类商品的编号从10101号至10109号,储存货物的一个格眼可放10个编号的商品,则在货架格眼的木档上制作10101-10的编号,并依此类推。

(2)区段法:把保管区分成不同的区段,再对每个区段进行编码。这种方法以区段为单位,每个号码代表的区域大小视物流量大小而定。

(3)品类群法:把一些相关性商品经过集合后,分成几个品项群,再对每个品项群进行编码。此方法适用于容易按商品群保管的场合和品牌差距大的商品,例如服饰群、五金群、食品群等。

3)货位编号的注意事项

(1)物料入库后,应将其所在货位的编号及时登记在保管账、卡的"货位号"栏中,并输入电脑。货位编号输入得正确与否,直接影响着出库货物的准确性,应认真对待这一项操作,以免出现差错。

(2)当物料所在的货位变动时,账、卡的货位号也应进行相应的调整,做到"见账知物"和"见物知账"。

(3)为了提高货位利用率,同一货位可以存放不同规格的物料,但必须采用具有明显区别的标志,以免造成差错。

(4)走道、支道不宜经常变动,否则不仅会打乱原来的货位编号,还会造成库房照明设备的调整。

3.储位分配

对货物进行储位分配的方式主要分为固定型和流动型两种。

（1）固定型：是一种在货位编号完成后，各货架内装置的货物事先加以确定的货位存货方式。例如，规定从货位2L-03-3-1到2L-03-3-20都放置物美集团的方便面，那么，这个区位就一直存放物美集团的方便面，即使货位没有被放满也不能放置其他货物。

（2）流动型：指所有货物按顺序摆放在空的货位中，不事先确定各类货物专用的货架。货物上架时，将货物按种类或货主归属顺序摆放，例如，将方便面依次摆放，放完方便面，接着摆放饼干，不留空位。或者先摆放物美集团的货品，然后摆放华联集团的货物，不留空位。

（3）固定型与流动型的比较：在固定型管理方式下，各货架内装载的货物长期是一致的，这样从事货物备货作业较为容易，同时信息管理系统的建立也较为方便，这是因为只要第一次将货架编号以及货物代码输入计算机，就能很容易地掌握货物出入库动态，从而省去了不断进行库存统计的烦琐业务。与此同时，在库存发出以后，利用信息系统能很方便地掌握账目以及实际的剩余在库量，及时补充库存。

三、小组讨论

（1）商品编码方式有哪些？

_____

_____

（2）货位编码方式有哪些？

_____

_____

（3）学习使用手持终端进行上架操作。

步骤一：登录手持终端系统

首先使用给定的用户名和密码登录手持终端系统，然后选择库房名称，如图3-30所示。

登录手持终端系统后，进入操作主功能界面，如图3-31所示。

步骤二：读取搬运信息

点击图3-31中的【入库作业】，进入图3-32所示界面。

在图3-32所示的界面中，点击【入库搬运】，弹出的界面如图3-33所示。

利用手持终端采集托盘标签，信息采集成功后，手持终端系统会自动提示需搬运的货品名称、货品数量及目标地点等信息，如图3-34所示。

点击【确认搬运】，弹出的界面如图3-35所示。

图 3-30　登录手持终端系统

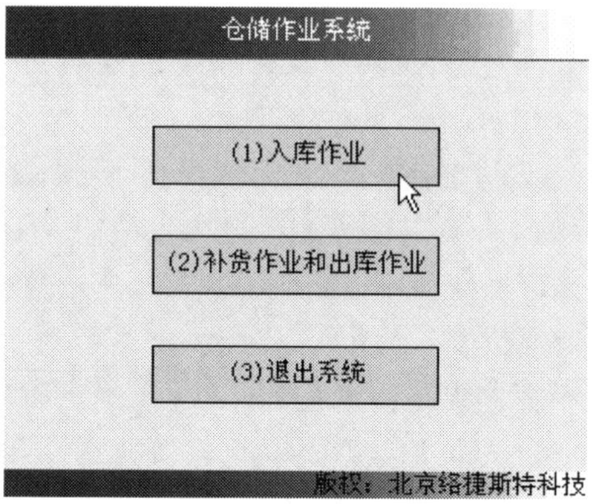

图 3-31　手持终端主功能界面

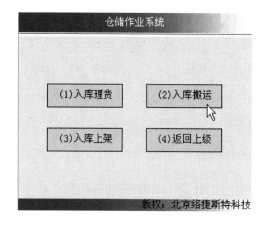

图 3-32　入库作业主要功能按钮

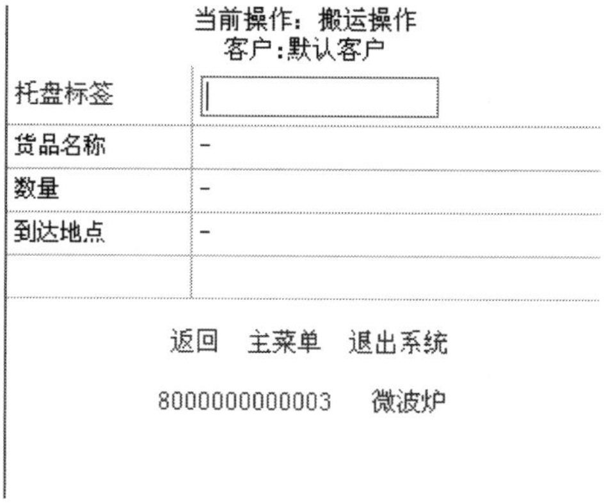

图 3-33　入库搬运

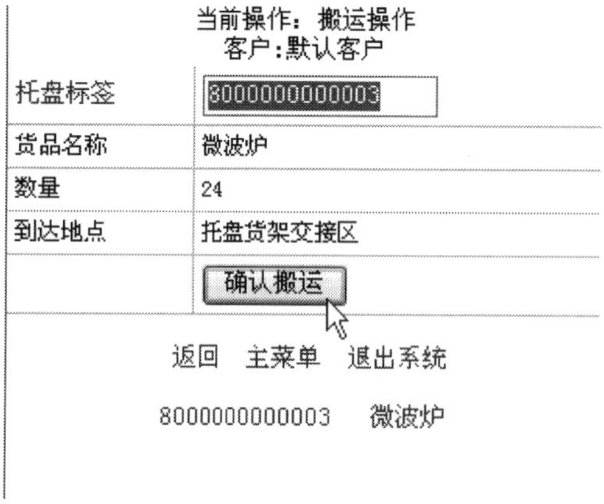

图 3-34　采集托盘信息并确认

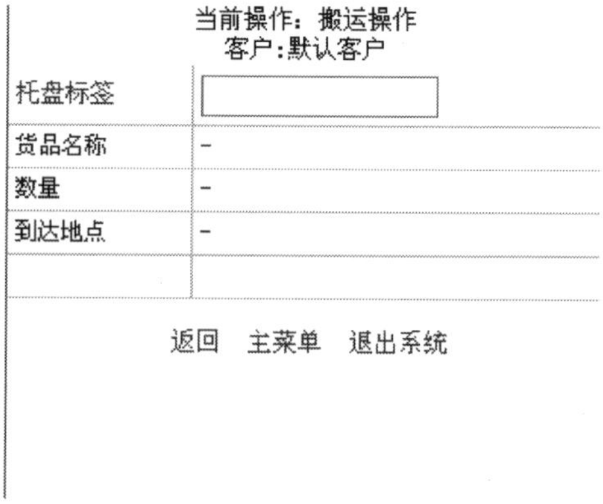

图 3-35　确认完成

步骤三：搬运操作

从设备暂存区将电动搬运车取出，利用电动搬运车将托盘货物搬运至托盘货架交接区，如图3-36所示。

图3-36　搬运操作

搬运操作完成后将电动搬运车放回设备暂存区。

步骤四：读取上架信息

登录手持终端系统，点击手持终端主功能界面的【入库作业】，弹出的界面如图3-37所示。

在图3-38所示的界面中，点击【入库上架】，弹出的界面如图3-38所示。

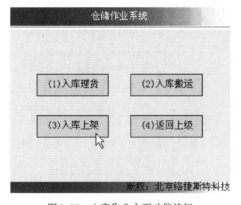

图3-37　入库作业主要功能按钮　　　　图3-38　入库上架

利用手持终端采集托盘标签信息，信息采集成功后，手持终端系统自动提示货品及目标储位等提示信息，如图3-39所示。

步骤五：上架操作

从设备暂存区将电动叉车取出，利用电动叉车将托盘货物从托盘货架交接区上架至手持终端系统中提示的目标储位，如图3-40所示。

```
当前操作：入库上架
托盘标签    8000000000003
名称        微波炉
规格        —
批号        11001
数量        24
储位标签    C00646-    G00101

托盘货架区G00101    [确认上架]
                返回  主菜单  退出系统
8000000000003    微波炉
```

图 3-39　采集托盘信息

图 3-40　上架

上架完成后，登录手持终端系统，进入图 3-41 所示界面。利用手持终端扫描上架货物的储位标签，信息采集成功后，进入图 3-42 所示界面。点击【确认上架】。

待系统返回主菜单界面后，点击【入库理货】，如图 3-42 所示。

在图 3-43 所示界面上，点击【完成】。

至此，入库上架操作完毕。

上架操作完成后将电动叉车放回设备暂存区。

四、制订方案

步骤一：_____

步骤二：_____

步骤三：_____
步骤四：_____
步骤五：_____

图 3-41　确认上架　　　　　　　　图 3-42　入库作业主要功能按钮

图 3-43　上架完成

五、实施方案

按照已制订好的方案进行练习，各组派代表上台展示。

六、评价反馈

当一组学生操作时，另一组学生按照以下的评分标准（表 3-16）进行评分。

任 务 评 价 表 　　　　　　表3-16

班级：　　　　　　　　　　　组别：　　　　　　　　　　　姓名：

序号	作业项目	考核内容	配分	评分标准	评分记录	扣分	得分
1	读取上架货位和搬运信息	按要求读取货物相关信息	20	每错、漏一项扣3分，扣完为止			
2	搬运操作	搬运设备的操作	25	每少一流程扣5分 每个流程作业不全面扣1~4分			
3	上架操作及确认	上架操作及确认操作步骤及规范	30	每错、漏一项扣5分，扣完为止			
4	安全文明生产	遵守安全操作规程，正确使用设备、操作现场整洁	10	每项扣5分，扣完为止			
		安全用电，防火，无人身、设备事故	10	因违规操作发生重大人身和设备事故，此题按0分计			
5	团队合作能力	团队合作意识，注重沟通，能自主学习及相互协作	5	不参加者或中途离开者扣2分			
6	合计		100				

学习项目4 存储作业

 学习目标

(1) 熟悉仓库保管员岗位职责及保管员工作流程。
(2) 熟悉商品性能,掌握在库商品分区分类管理方法。
(3) 掌握仓库温湿度控制,防霉腐,防虫害,防锈,安全管理及卫生管理等操作。
(4) 能够利用仓储物质技术设备对在库商品进行仓库保管作业。
(5) 能够对在库商品出现的异常问题实施及时处理。
(6) 熟练制作仓库保管过程中涉及的相关保管单据。
建议课时:10课时

学习任务1 货物养护

 学习目标

(1) 能熟练掌握货物养护的具体措施。
(2) 能熟练掌握商品养护方法。
建议课时:4课时
学习地点:物流实训室

📖 **学习准备**

(1) 设备:模拟货物、温湿度计、干湿球。
(2) 资料:温湿度记录表格。
(3) 学生分组:每3~5名学生为一组,每组设一名组长,组员间进行合理分工。

一、任务引入

一批金属制品已堆码在托盘上,准备上架。现要求理货员做好如下工作:

(1)准确读出仓库内的温湿度计,填写温湿度记录表,并针对仓库内的温湿度结合储存货物的温湿度要求进行相应的温湿度控制。

(2)入库物资需采用气相防锈纸包装进行包装上架。

(3)做好仓库防虫害、防霉腐、防锈、安全、卫生等工作。

二、知识链接

1. 温度与湿度

1)空气温度

空气温度是指空气的冷热程度,又叫气温。仓库温度的控制既要注意库房内外的温度,也要注意储存物资本身的温度。仓库日常温度管理中,多用摄氏表示,凡零度以下度数,在度数前加一个"-",即表示零下多少摄氏度。其他比较常用的温度单位还有华氏温度和绝对温度,它们之间的换算关系为:

$$摄氏温度 = (华氏温度 - 32) \times 5/9$$

$$华氏温度 = 32 + 摄氏温度 \times 9/5$$

$$绝对温度 = 273 + 摄氏温度$$

2)空气湿度

空气湿度是指空气中所含水气量的多少或大气干、湿的程度。表示空气湿度大小的方法很多,有绝对湿度、饱和湿度、相对湿度、露点等方法。

(1)绝对湿度:指单位容积的空气里实际所含的水气量,一般以克为单位。温度对绝对湿度有着直接影响。一般情况下,温度越高,水汽蒸发得越多,绝对湿度就越大;相反,绝对湿度就小。

(2)饱和湿度:表示在一定温度下,单位容积空气中所能容纳的水气量的最大限度。如果超过这个限度,多余的水蒸气就会凝结,变成水滴。这时的空气湿度便称为饱和湿度。空气的饱和湿度不是固定不变的,它随着温度的变化而变化。温度越高,单位容积空气中能容纳的水蒸气就越多,饱和湿度也就越大。

(3)相对湿度:指空气中实际含有的水蒸气量(绝对湿度)距离饱和状态(饱和湿度)程度的百分比。即,在一定温度下,绝对湿度占饱和湿度的百分比数。

相对湿度用百分率来表示。公式为:

$$相对湿度 = 绝对湿度/饱和湿度 \times 100\%$$

相对湿度越大,表示空气越潮湿;相对湿度越小,表示空气越干燥。

$$绝对湿度 = 饱和湿度 \times 相对湿度$$

空气的绝对湿度、饱和湿度、相对湿度与温度之间有着相应的关系。温度如果发生了变化,则各种湿度也随之发生变化。

2. 温湿度测量

仓库的温湿度控制是一项基本工作,仓库保管员要定时观测并记录绝对湿度、相对湿度、温度、风力、风向等。常用的测定空气温度的仪器有普通温度表、最高高低温度表、自记温度计等。测定空气湿度的仪器主要有干湿球温度表、自记毛发温度计、电子测温测湿仪等。在库房内旋转温湿度表时,温湿度表应放置在库房的中央,离地面约1.4m处,不可放在门窗附近或墙角。库外测量时应设置百叶箱、内放温湿度计。百叶箱应置于空旷通风的地方,距地面约1m,箱门向北。风向标和风速仪应高于附近建筑物。

温湿度仪器的观测必须指定专人负责,并根据商品的特性和季节气候确定观察时间和次数,一般应在上午8点至10点,下午2点至4点各观测一次,观测后及时填写仓库温湿度记录表,如表4-1所示。

仓库温湿度记录表　　　　　表4-1

	仓库温度、湿度记录表													
库号:			放置位置:				储存物品:							
安全温度:			安全相对湿度:											
日期	上　午							下　午						备注
	天气	干球(℃)	湿球(℃)	相对湿度(%)	绝对湿度(g/m³)		调节措施	记录时间	天气	干球(℃)	湿球(℃)	相对湿度(%)	绝对湿度(g/m³)	调节措施	记录时间	
					库内	库外							库内	库外			
1															
2															
3															
4															
5															

3. 仓库温湿度控制及调节

物料在储存期间,都要求有一个适宜的温湿度,以确保物料的性质不发生变化,常见的商品的存储温湿度如表4-2所示。为了维护仓储品的品质完好,创造适宜于物品储存的环境,当库内温、湿度适宜物品储存时,就要设法防止库外气候对库内的不利影响;当库内温湿度不适宜物品储存时,就要及时采取有效措施调节库内的温湿度。

1)通风降温

通风是仓库最常采用的物资维护保养方法之一,其目的是利用通风降温、升温和除湿,以控制和调节库内温度和湿度,保护物资。

通风的方式有自然通风和机械通风。一般来说利用通风降温,在炎热的季节适用于怕热但对空气要求不严格的物资,一般在早晚气温较低的时候通风为宜;利用通风提温,在寒冷季节利用阳光充足、库外温度高时进行通风,达到提温的目的;而利用通风降潮:应选择干燥、风爽的天气进行,开启门窗进行通风。

部分常规商品的存储温湿度　　　　　　表 4-2

商品	温度(℃)	相对湿度(%RH)	商品	温度(℃)	相对湿度(%RH)	商品	温度(℃)	相对湿度(%RH)
搪瓷制品	≤35	≤80	卷烟	≤25	55~70	粉笔	≤35	≤75
竹木制品	≤30	60~75	食糖	≤30	≤70	干电池	-10~25	≤75
纸制品	≤35	≤75	棉织品	≤35	≤75	打火石	≤35	≤75
浆糊	0~25	65~80	毛织品	≤30	≤75	火柴	≤25	≤75
墨汁	0~25	65~80	丝织品	≤35	≤75	鞋油	-5~30	70~85
墨水	0~25	65~80	麻织品	≤35	≤75	肥皂	≤25	60~80
修正液	≤20	70~80	涤纶织品	≤35	≤80	洗衣粉	≤25	≤75
广告色	0~25	65~80	锦纶织品	≤35	≤80	牙粉	-5~30	≤75
广告粉	≤30	≤75	腈纶织品	≤35	≤80	牙膏	-5~25	≤80
打字蜡纸	5~25	≤75	氯纶织品	≤35	≤80	雪花膏	≤30	60~80
鱼肉罐头	-5~25	≤75	毛皮	≤30	≤75	香脂	≤30	≤80
青菜罐头	0~25	≤75	毛皮制品	≤30	≤75	蛤蜊油	≤25	≤80
糖浆罐头	-10~25	≤75	皮革制品	≤30	≤75	发蜡	≤25	≤80
糖水罐头	-5~15	≤75	乳胶制品	-10~25	≤80	香水	≤20	70~85
炼乳罐头	-5~15	≤75	橡胶制品	≤25	≤80	花露水	≤20	70~80
白酒	≤30	≤75	人造革制品	-10~25	≤75	香粉	≤25	≤75
果酒	-5~20	≤75	玻璃制品	≤35	≤80			
黄酒	-5~20	≤75	金属制品	≤35	≤75			

在采用通风降温时,必须符合以下两个条件。

(1)库外空气的温度和绝对湿度低于库内空气的温度和绝对湿度。

(2)库外气温高于库内气温,库外绝对湿度低于库内绝对湿度,并且库内露点小于库内气温和库外露点小于库内露点。

此外,必须注意通风时的气象条件,如在天晴风力不超过 5 级时,效果较好。通风的季节性(如秋冬季节)较为理想。通风的时间性,虽说夏季不宜采用通风降温,但有时会遇到有利的通风天气,可采取数小时通风的办法降温等。

2）密封

密封是保持库存物料所需的温湿度条件的一种技术措施,它区分为封库和封垛。一般情况下,对物料出入不太频繁的库房可采取整库封闭;对物料出入较为频繁的库房,不能封库,可以采取封垛的措施。封库、封垛可按以下方式操作。

(1) 关闭库房所有的门、窗和通风孔,并将缝隙用胶条、纸等涂以树脂封堵。

(2) 用 5cm 宽、2.5cm 厚的泡沫塑料条,刷上树脂后粘贴于门框四周,再在门的四边刻上槽,将胶管刷胶水按入槽内,使门关好后胶管正好压在泡沫塑料中间。

(3) 库房大门上开一个人行小门,以减少潮湿空气侵入库内。

(4) 利用塑料薄膜将货垛或货架全部遮盖包围直至地面,以隔绝或减少湿气和物料的接触等。

3）吸潮

在梅雨季节或阴雨天,当库内湿度过高,不适宜物料保管,而库外湿度也过大,不宜进行通风散潮时,可以在密封库内用吸潮的办法降低库内湿度。

(1) 吸湿剂

吸湿剂是一种除湿的辅助办法,它是利用吸湿剂吸收空气中水汽的办法,达到除湿的效果。常用的吸湿剂有生石灰、氯化钙、硅酸等。

(2) 吸湿机

这是仓库普遍使用的吸潮方法,即使用吸湿机把库内的潮湿空气通过抽风机吸入吸湿机冷却器内,使它凝结为水而排出。

吸湿机一般适宜于储存棉布、针棉织品、贵重百货、医药、仪器、电工器材和烟糖类的仓库吸湿。

4. 储存物料霉变防治

物料霉变的防治主要针对物料霉变的外因即微生物产生的环境条件,而采取的技术措施。常用措施有两条:一条是加强储存物料的保管工作;另一条是预防措施,即采取药物防霉腐。

1）储存物料的合理保管

(1) 加强每批物料的入库检查,检查有无水渍和霉腐现象,检查物料的自然含水量是否超过储存保管范围,包装是否损坏受潮,内部有无发热现象等。

(2) 针对不同物料的性质,采取分类储存保管,达到不同物料所需的不同储存保管条件,以防止物料的霉变。

(3) 根据不同季节、不同地区的不同储存保管条件,采取相应的通风除湿措施,使库内温度和湿度达到具有抑制霉菌生长和繁殖的要求。

2）药剂防霉腐

药剂防霉腐即将对霉腐微生物具有抑制和杀灭作用的化学药剂加到物料上,达到防止霉腐的作用。防霉腐药剂的种类很多,常用的工业品防腐药剂有亚氯酸钠、水杨酰苯胺、多聚甲醛等。

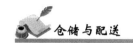

另一种情况是,由于多数霉腐微生物只有在有氧气条件下才能正常繁殖,所以,采用氮气或二氧化碳气体全部或大部分取代物料储存环境的空气,使物料上的微生物不能生存,从而达到防霉腐效果。这种方法常用于工业品仓库。

5. 金属制品维护保养

金属制品在储存期间发生锈蚀,不仅影响外观质量,造成商品陈旧,而且使其机械强度下降,从而降低其使用价值,甚至报废。如各种刀具因锈蚀使其表面形成斑点、凹陷,难以平整并保持锋利;精密量具锈蚀,可能影响其使用的精确度。因此,要对金属类的商品妥善进行保管和养护。

1)选择适宜的保管场所

保管金属制品的场所,不论库内库外,均应清洁,不得与酸、碱、盐、气体和粉末类商品混存。不同种类的金属制品在同一地点存放时,也应有一定的间隔距离,防止发生接触腐蚀。

2)保持库房干燥

相对温湿度60%以下,就可以防止金属制品表面凝结水分,生成电解液层而使金属制品遭受电化学腐蚀。但相对湿度60%以下较难达到,一般库房应控制在65%~70%。

3)三种塑料封存法

就是利用塑料对水蒸气及空气中腐蚀性物质的高度隔离性能,防止金属制品在环境因素作用下发生锈蚀。

(1)塑料薄膜封存法:将塑料薄膜直接在干净的环境中封装金属制品或封入干燥剂,以保持金属制品的长期干燥,不至于锈蚀。

(2)收缩薄膜封存法:将薄膜纵向或横向拉伸几倍,处理成收缩性薄膜,使得包装商品时紧紧黏附在商品表面,即防锈又可减少包装体积。

(3)可剥性塑料封存法:以塑料为成膜物质,加入增塑剂、稳定剂、缓蚀剂及防霉剂等加热融化或熔解,喷涂在金属表面,待冷却或挥发后在金属表面可形成保护膜,阻隔腐蚀介质对金属制品的作用,达到防锈的目的。

4)涂油防锈

涂油防锈是金属制品防锈的常用方法。它是在金属表面涂刷一层油脂薄膜,使商品在一定程度上与大气隔离开,达到防锈的目的。这种方法省时、省力、节约、方便且防锈性能较好。涂油防锈一般采取按垛、按包装或按件涂油密封。涂油前必须清除金属表面灰尘污垢,涂油后要及时包装封存。

5)气相防锈

气相防锈是利用挥发性缓蚀剂,在金属制品周围挥发出缓蚀气体,来阻隔腐蚀介质的腐蚀作用,以达到防锈的目的。气相缓蚀剂在使用时无须涂在金属制品表面,只用于密封包装或容器中。因为它是一些挥发性物质,在很短时间内能充满包装或容器内的各个角落和缝隙,既不影响商品外观,又不影响使用,也不污染包装,是一种有效的防锈方法。

6)除锈维护

(1)手工除锈:适用于体大笨重的制件或部件及粗糙的工具、零件等。具体可使用钢丝刷、纱布和木屑除锈。

①使用钢丝刷除锈,先用钢丝刷或铜丝刷除锈,再用废布将金属制品擦拭干净。适用于各种钢管、水暖器材、铁板等。

②使用砂布除锈:用砂布直接擦拭,或先蘸取去污粉、煤油后再擦拭,最后再用干抹布擦拭一次。适用于各种小五金工具、配件及一般精密仪器,如钢珠、轴承、天平等。

③使用木屑除锈:把清洁干燥的木屑撒在板材上,然后用旧布盖住进行擦拭,最后将木屑扫净,并用干抹布再擦拭一次。适用于钢板上的轻、中度锈蚀。

(2)机械除锈:适用于除去大面积锈蚀物或严重的锈蚀,如板材、槽钢和线材的除锈等。具体有抛光法、钢丝轮除锈法和喷射法。

①抛光法:即用软质的棉布、帆布等制成抛光轮,利用电机带动,在高速旋转下将锈除去。

②钢丝轮除锈法:即用金属制成的轮刷,在电动机的带动下,高速旋转去锈。

③喷射法:喷射法即将砂粒等强力喷射到金属表面,借其冲击与摩擦的作用将锈去除。

(3)化学除锈:化学除锈是利用能够溶解锈蚀物的化学品,除去金属制品表面上锈迹的方法,主要用以除去轻锈,适用于型材及零部件等。操作时一般遵照除油、除锈、中和、干燥这四个步骤来进行。

6. 虫害的防治

1)杜绝仓库害虫的来源

仓库一旦发生虫害,必然造成极大危害。因此,必须加强入库验收,据具体情况将商品分别入库,隔离存放。在商品储存期间,要定期对易染虫害的商品,进行检查并做好预测预报工作;做好日常的清洁卫生,铲除库区周围的杂草,清除附近沟渠污水,同时辅以药剂进行空库消毒,在库房四周一米范围用药剂喷洒防虫线,以有效杜绝害虫的来源。

2)五种常用的物理防治方法

就是利用物理因素(光、电、热、冷冻、原子能、超声波、远红外线、微波及高频振荡等)破坏害虫的生理机能与机体结构,使其不能生存或抑制其繁殖。

(1)灯光诱集法:利用害虫对光的趋向性在库房内安装诱虫灯,晚上开灯时,使趋光而来的害虫被迫随气流吸入预先安置的毒瓶(瓶内盛少许氰化钠或氰化钾)中,致使中毒而死。

(2)高温杀虫法:将温度升至40℃以上,使其的活动受到抑制,繁殖率下降,进入热麻痹状态,直至死亡。

(3)低温杀虫法:将环境温度下降,使害虫机体的生理活动变得缓慢,进入冷麻痹状态,直至死亡,以达到杀虫的效果。

(4)电离辐射杀虫法:用几种电离辐射源放射出来的 X—射线、γ—射线或快中子射

线等,杀伤害虫或使其不育。

(5)微波杀虫法:使害虫在高频电磁场的微波作用下,体内的水分、脂肪等物质激烈地振荡,产生大量的热,直至体温升至68℃时死亡。此法处理时间短,杀虫效力高。

此外,还可使用远红外线、高温干燥等方法进行防虫。

3)化学防治

就是利用化学药剂直接或间接毒杀害虫的方法。常用药剂有以下几种类型:

(1)杀虫剂。一些杀虫剂接触虫体后,能穿透表皮进入体内,使害虫中毒死亡,为触杀剂。如敌敌畏、六六六等;还有一些杀虫剂配成诱饵,被害虫吞食后通过胃肠吸收进入体内,使其中毒死亡,为胃毒剂。如亚砒霜、亚砒霜钠等。

(2)熏蒸剂。化学药剂所发生的毒气通过害虫的气门、气管等信道进入体内,使其中毒死亡。常用的熏蒸剂有磷化铝、溴甲烷、氯化苦等。

(3)驱避剂。利用固体药剂(萘、樟脑精、对位二氯化苯等)发出的刺激性气味与毒性气体,在商品周围保持一定的浓度,能使害虫不敢接近或被毒杀。

(4)在化学防治中,要选用对害虫有较高毒性的药剂,同时选择害虫处在抵抗力最弱的时期施药。施药时,应严格遵守药物使用规定,注意人身安全和被处理商品、库房建筑以及备品用具的安全。应采取综合防治与轮换用药等方法,以防形成抗药性。

三、小组讨论

(1)怎样进行温湿度的测量和记录?

_____
_____
_____
_____

(2)讲述商品的各种养护方法。

_____
_____
_____
_____
_____

四、制订方案

步骤一:_____
步骤二:_____
步骤三:_____

五、实施方案

按照已制订好的方案进行练习,各组派代表上台展示。

六、评价反馈

当一组学生操作时,另一组学生按照以下的评分标准(表4-3)进行评分。

任务评价表 表4-3

班级:　　　　　　　组别:　　　　　　　姓名:

序号	作业项目	考核内容	配分	评分标准	评分记录	扣分	得分
1	温湿度测量	仓库温湿度的测量和记录	20	每错、漏一项扣3分,扣完为止			
2	仓库温湿度控制	仓库温湿度控制方法	25	每少一流程扣5分			
				每个流程作业不全面扣1~4分			
3	商品养护措施	商品养护方法	30	每错、漏一项扣5分,扣完为止			
4	安全文明生产	遵守安全操作规程,正确使用设备、操作现场整洁	10	每项扣5分,扣完为止			
		安全用电,防火,无人身、设备事故	10	因违规操作发生重大人身和设备事故,此题按0分计			
5	团队合作能力	团队合作意识,注重沟通,能自主学习及相互协作	5	不参加者或中途离开者扣2分			
6	合计		100				

学习任务2　安 全 控 制

学习目标

(1)掌握仓库消防管理工作要点。
(2)学会火灾发生初期的处理方法。
(3)学会各类常用消防器材的使用方法,掌握使用范围。
(4)掌握特殊货品的保管方法。
(5)掌握仓库安全管理的各项内容。

建议课时:4课时

学习地点:物流实训室

(1)设备:灭火器、消防器材、模拟货物。
(2)资料:库房安全检查表、库房安全记录表。
(3)学生分组:每3~5名学生为一组,每组设一名组长,组员间进行合理分工。

一、任务引入

小李作为一名仓库主管,日前接到上级通知,公司领导将联合所在地的有关部门,共同进行一次仓库安全检查,让小李做好仓库的各项安全管理工作。那么小李应从哪些方面对自己负责的仓库进行自查呢?

二、知识链接

1. 特种商品的保管

1)易燃液体的保管

易燃液体有高度易燃性、挥发性、爆炸性、流动性及漂浮性,受热膨胀性等特点,应从以下几方面进行保管:

(1)易燃液体在常温下不断挥发出可燃蒸气,其蒸气一般均有毒,有时还有麻醉性,所以在入库时必须严格检查包装是否漏损,同时,库房必须通风,作业人员应穿戴相应的防护用品,以免发生中毒。

(2)易燃液体受热后蒸发出的气体,增大压力使容器膨胀,严重时可使容器破裂发生爆炸事故,所以容器不可装得过满,同时库房内和库区周围应严禁烟火,加强通风。

2)易爆商品的保管

易爆商品具有爆炸威力大、起爆能量小、敏感度高等特点,应从以下几方面进行保管:

(1)装卸和搬运爆炸品时,要轻拿轻放,严禁碰撞、拖拉与滚动。作业人员严禁穿有铁钉的鞋,工作服严防产生静电。

(2)储存易爆商品的仓库必须远离居民区,还应与周围建筑、交通干道、输电线路保持一定安全距离,库房一定要远离火源,必须保持通风干燥,同时还应安装避雷设备,保持适宜的温湿度。仓库地面应铺垫厚20cm左右的木板。

(3)盛放或携带零星易爆商品时,不能有金属容器,要用木、竹、藤制的筐或箱,以免因摩擦而发生爆炸事故。

(4)易爆商品必须单独隔离,限量储存。

(5)仓库内的电器设备应符合安全要求,定期检修,下班断电。

常见的易燃易爆品的保管原则如表4-4所示。

化学危险物品储存原则表

表 4-4

级别	物品名称	不准共同存储在一起的物品种类	附注
I	爆炸物品：苦味酸、三硝基甲苯、火棉、硝化甘油、硝铵炸药、雷汞等	不准和任何其他种类的物品共同储存，必须单独隔离储存	起爆药和炸药必须隔离储存
II	易燃和可燃液体：汽油、苯、二硫化碳、丙酮、乙醚、甲苯、酒精（醇类）、醋酸、酯类、喷漆、煤油、松节油、樟脑油等	不准与其他种类的物品共同存储	如数量太少允许与固体易燃物品隔开后共储
III	压缩气体和液化气体： 1. 可燃气体：乙炔、氢、氯化甲烷、硫化氢氯等	除惰性气体（III 2）外，不准和其他各类的物品共同储存	
	2. 惰性不燃气体：氮、压缩空气、氦等	除气体（III 1,3）氧化剂（IV 1）和有毒物品（VII）外，不准和其他物品共同储存	
	3. 助燃气体：氧、压缩空气、氯等	除惰性不燃气体、（III 2）和有毒物品（VII）外，不准和其他物品共同储存	氯兼有毒害性
IV	遇水或空气能自燃的物品：钾、钠、电石（碳化钙）、磷化钙、锌粉、铝粉、黄磷等	不准和其他物品共同储存	钾、钠需浸入石油中，黄磷须浸入水中存储，均需单独隔离存储
V	易燃固体：赛璐珞、胶片、赤磷、萘、樟脑、硫黄、火柴等	不准和其他物品共同储存	赛璐珞、影片、火柴均需单独隔离储存
VI	氧化剂： 1. 能形成爆炸混合物的物品：氯酸钾、氯酸钠、硝酸钾、硝酸钡、次酸钙、亚硝酸钠、过氧化钡、过氧化钠、过氧化氢30%等	除惰性气体（III 2）外，不准和其他种类的物品共同储存	过氧化物遇水有蒸发爆炸危险，应单独储存，过氧化氢应储存在阴凉场所
	2. 能引起燃烧的物品溴、硝酸、硫酸、铬酸、高锰酸钾、重铬酸钾等		应与氧化剂隔离
VII	有毒物品：氯化苦、光气、五氧化二砷、氰化钾、氯氰氰等	除惰性不燃气体和助燃气体（III 2,3）外，不准和其他种类物品共同储存	

2. 仓储控制区安全管理

(1) 仓储控制区是库区重地,应严格安全管理。控制区周围设置高度大于 2m 的围墙,上置钢丝网高 1.7m 以上,并设置电网或其他屏障。控制区内道路、桥梁、隧道等通道应畅通、平整。

(2) 控制区出入口设置日夜值班的门卫,对进出人员和车辆进行检查和登记,严禁携带易燃易爆物品和火源进入控制区。

(3) 控制区内严禁进行危及物品安全的活动(如吸烟、鸣枪、烧荒、爆破等),未经上级部门的批准,不准在控制区内进行参观、摄影、录像或测绘等活动。

3. 库房的安全管理

经常检查库房设施情况,对于地面裂缝、地基沉陷、结构损坏,以及周围山体滑坡、塌方或防水防潮层和排水沟堵塞等情况,应及时维修和排除。

库房钥匙应集中存放在仓库控制区门卫值班室,实行业务处、门卫值班和仓管员三方控制。仓管员领取钥匙要办理手续,下班后即交回注销。对于存放易燃易爆、贵重物品的库房要严格执行两人分别掌管钥匙和两人同时进库的规定。有条件的库房应安装安全监控装置,并认真使用和管理。

4. 物品搬运安全管理

仓库机械应实行专人专机,建立岗位责任制,防止丢失和损坏,操作人员应做到"会操作、会保养、会检查、会排除"一般故障。根据物品尺寸、重量、形状选用合理的装卸、搬运设备,严禁超高、超宽、超重、超速以及其他不规范操作。不能在库房内检修机械设备。搬运设备在狭小通道、出入库房或接近物品时应限速鸣号。

5. 仓库消防管理

1) 火灾分类

按照国家 2008 年 11 月 4 日发布,2009 年 4 月 1 日实施的 GB/T 4968—2008 规定,根据可燃物的类型和燃烧特性,火灾可分为 A、B、C、D、E 五类。

(1) A 类火灾:指含碳固体物质(有机物质)为可燃物的火灾,一般指在燃烧时能产生灼热的余烬,如木材、煤、棉、毛、麻、纸张等燃烧的火灾。

(2) B 类火灾:指甲、乙、丙类液体或可熔化的固体物质为可燃物的火灾。如汽油、煤油、柴油、原油、甲醇、乙醇、沥青、石蜡等燃烧的火灾。

(3) C 类火灾:指可燃气体如煤气、天然气、甲烷、丙烷、乙炔、氢气等为可燃物的火灾。

(4) D 类火灾:指可燃金属如钾、钠、镁、钛、锆、锂、铝镁合金等引起燃烧的火灾。

(5) E 类火灾:带电火灾,指带电物体燃烧的火灾。

2) 仓库中的常见火险隐患

(1) 电器设备方面,包括电焊、气焊违章作业,没有消防措施,用电超负荷,违章使用电炉、电烙铁、电热器等。

(2) 储存方面,包括不执行分区分类,易燃易爆等危险品存入一般库房,可自燃物品堆码过实,通风散热散潮不好等。

(3)机具方面,包括库内停放、修理汽车,用汽油擦洗零部件,叉车内部电线外皮破损、油管老化漏油等。

(4)火种管理方面,包括外来火种和易燃品因检查不严带入库区,在库区吸烟,在库区擅自使用明火,炉火设置不当或管理不严等。

3)报警与灭火

(1)报警。消防工作实践证明,报警晚是酿成火灾的重要原因之一。仓库应配备准确可靠的报警系统,一旦仓库中某处发生火情,报警装置能及时准确地报警,仓库保卫部门就能迅速报告消防队和通知全体仓库员工,以便及时组织扑救,避免火势的蔓延。不管火势大小,只要发现失火,就应立即报警。报警越早,损失越小,报警后应有人到路口接消防车到达火灾现场。

(2)四种灭火法。

①冷却灭火法:将灭火剂直接喷洒在可燃物上,使可燃物的温度降低到自燃点以下,从而使其停止燃烧。如水、酸碱灭火器、二氧化碳灭火器等均有一定的冷却作用。

②拆移灭火法:又称隔离灭火法,它是将燃烧物与附近可燃物质隔离或疏散开,从而使燃烧停止。例如,将火源附近的易燃易爆物品转移到安全地点;关闭设备或管道上的阀门,阻止可燃气体、液体流入燃烧区等。

③窒息灭火法:采用适当的措施,使燃烧物与氧气隔绝。火场上运用窒息法扑救火灾时,可采用石棉被、湿麻袋、砂土、泡沫等不燃或难燃材料覆盖燃烧物或封闭孔洞;用水蒸气、惰性气体(二氧化碳、氮气等)充入燃烧区域;或用水淹(灌注)的方法进行扑救。

④抑制灭火法:将化学灭火剂喷入燃烧区参与燃烧反应,中止链反应而使燃烧停止。采用这种方法可使用的灭火剂有干粉和卤代烷灭火剂。灭火时,将足够数量的灭火剂准确地喷射到燃烧区内,使灭火剂阻止燃烧反应。同时还需采取必要的冷却降温措施,以防复燃。

4)常见灭火器介绍

(1)干粉灭火器(图4-1):是消防中得到广泛应用的灭火剂,适用于扑灭石油及其产品、油漆等易燃可燃液体、电气设备的初起火灾(B、C类火灾),仓库可选用ABC干粉灭火器。

(2)泡沫灭火器(图4-2):该灭火器的适用范围取决于充装的灭火剂。

图4-1 干粉灭火器

图4-2 泡沫灭火器

①充装蛋白泡沫剂、氟蛋白泡沫剂和轻水(水成膜)泡沫剂,可用于扑救一般固体物质和非水溶性如汽油、煤油、柴油、植物油、油脂等易燃、可燃液体的火灾。

②充装抗溶性泡沫剂,可以专用于扑救水溶性如甲醇、乙醚、丙酮等易燃可燃液体的火灾。但不能扑救带电设备的火灾和金属火灾。

(3)二氧化碳灭火器(图4-3):适用于易燃、可燃液体和低压电气设备、仪器仪表、图书档案、工艺品、陈列品等的初起火灾扑救。可放置在贵重物品仓库、展览馆、博物馆、图书馆、档案馆、实验室、600V电压以下的配电室、发电机房等场所。如扑救棉麻、纺织品火灾时需注意防止复燃,不可用于轻金属火灾的扑救。

(4)水型灭火器(图4-4):是指其内部充入的灭火剂是以水为基料的灭火器。如清水灭火器、强化液灭火器,主要以冷却和窒息作用进行灭火。其主要用途是适用扑救A类物质,如木材、竹器、棉花、织物、纸张等A类物质的初起火灾,不适用于扑救油脂、石油产品、电气设备和轻金属火灾。

(5)1211灭火器(图4-5):是一种以卤代烷二氟一氯一溴甲烷为灭火剂,以氮气作为驱动气体的灭火器,但由于卤代烷不利于环保(1211是一种消耗臭氧层的哈龙),非必要场所一般不再配备。1211灭火剂灭火效率高,电绝缘性好,对金属无腐蚀,灭火后不留痕迹,因此,1211灭火器适用于油类、电气设备、仪表仪器、图书档案、工艺品等初起火灾的灭火,效力是二氧化碳灭火器的2倍以上。可设置在贵重物品仓库、实验室、精密仪器等消防监督部门确定的必要场所。

图4-3 二氧化碳灭火器　　图4-4 水型灭火器　　图4-5 1211灭火器

(6)酸碱灭火器:适用于扑救A类物质,如木材、竹器、棉麻织物及纸张等的初起火灾。可用于储有A类可燃物质的工矿企业和库房等场合。

碳酸氢钠干粉灭火器适用扑灭易燃液体、可燃气体的初起火灾;磷酸铵盐干粉灭火器除可扑灭上述物质的初起火灾外,还可扑灭固体物质的初起火灾;干粉灭火器还可以扑灭带电设备的初起火灾。

5)灭火器的摆放与保养

(1)灭火器配置

仓库在配置灭火器时,应该注意以下问题:

①仓管员配置灭火器时,应充分考虑仓库的火灾危险等级,选用适当灭火级别的灭火器。通常仓库应以每100m² 为一个单位计算,每栋库房不得少于两个。

②室内灭火器应摆放在明显的地方,并做出明确的标示。

③室外灭火器应悬挂在仓库外面的墙上,离地面高度要求不超过1.5m。

④灭火器也可存放于灭火器箱内,起到防护和美观的作用。

⑤灭火器的放置地点要远离取暖设备并防止阳光直射。

(2)灭火器保养

为了保证火灾发生时灭火器能够正常使用,仓管员要做好灭火器的保养工作,每年至少应对灭火器进行一次维护检查。

①更换灭火剂:定期检查灭火剂是否有效,发现其失效后应立即更换。灭火器使用后,也应及时重新添加灭火剂。

②清洁灭火器:灭火器的喷嘴要经常疏通,或套以纸罩,以防尘土、污物的堵塞。大型灭火器的皮管要经常检查,以防止昆虫和污物的侵入。

③报废灭火器:灭火器是有使用期的,超出使用期的灭火器将失去灭火作用。报废的灭火器,应在筒身或瓶体上打孔,并且用不干胶贴上"报废"的明显标志。

三、小组讨论

(1)保管易燃易爆类的商品时有哪些注意事项?

_____

_____

_____

(2)仓库安全与消防管理有哪些注意点?

_____

_____

_____

(3)小组讨论并制定仓库检查任务计划并分工执行。

四、制订方案

步骤一:_____

步骤二:_____

步骤三:_____

步骤四:_____

五、实施方案

按照已制订好的方案进行练习,各组派代表上台展示。

六、评价反馈

当一组学生在操作时,另一组学生按照以下的评分标准(表4-5)进行评分。

任务评价表　　　　　　　　　　　　　　　表4-5

班级:　　　　　　　　　组别:　　　　　　　　　姓名:

序号	作业项目	考核内容	配分	评分标准	评分记录	扣分	得分
1	仓库安全知识的了解	仓库安全知识的掌握度	20	每错、漏一项扣3分,扣完为止			
2	仓库安全检查计划制定	计划制定的全面性与完善性	25	每少一流程扣5分			
				每个流程作业不全面扣1~4分			
3	安全检查实施	安全检查实施过程	30	每错、漏一项扣5分,扣完为止			
4	安全文明生产	遵守安全操作规程,正确使用设备、操作现场整洁	10	每项扣5分,扣完为止			
		安全用电,防火,无人身、设备事故	10	因违规操作发生重大人身和设备事故,此题按0分计			
5	团队合作能力	团队合作意识,注重沟通,能自主学习及相互协作	5	不参加者或中途离开者扣2分			
6	合计		100				

学习任务3　盘点作业

学习目标

(1)熟悉仓库盘点员工作流程及储存商品基本知识。
(2)掌握商品盘点作业的基本技能。
(3)熟悉盘点单据,如盘点单、盘点表、盘点汇总盈亏表等。
(4)熟练掌握盘点的操作流程。

建议课时:2课时

学习地点:物流实训室

学习准备

(1)设备:仓储管理系统、货物、包装箱、电脑、打印机、纸、笔、计算器。
(2)资料:盘点单、盘点表、盘点汇总盈亏表。
(3)学生分组:每3~5名学生为一组,每组设一名组长,组员间进行合理分工。

一、任务引入

新世纪物流中心执行月盘制度,盘点时间为每个月的27日和28日两天。但近期托盘货架区小家电类货物流通速度较快,为保证库存数量的准确性,2011年1月21日,新世纪物流中心的仓库主管交给仓管员张力一份托盘货架区(编码为C00642)F列和G列小家电类存储区的账面库存明细。要求张力作为初盘人员对托盘货架区F列和G列储存有小家电类货物的货位进行一次盘点,盘点类型为日盘。

托盘货架区(编码为C00642)F列和G列的储位示意图如图4-6所示。

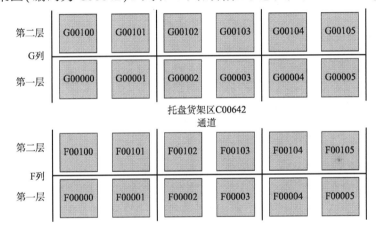

图4-6 储位示意图

托盘货架区(编码为C00642)F列和G列的账面库存明细如表4-6所示。

账面库存明细 表4-6

库房:新世纪物流实训库房　　　　　　　　　　　　　　　　日期:2011年1月21日

库区	货位	条形码	货物名称	产品规格	账面数量	单位
C00642	F00000	9787880622355	电暖袋	1×1	24	箱
C00642	F00001	—	无	—	0	—
C00642	F00002	9787799912714	组合音响	1×1	20	箱
C00642	F00003	—	无	—	0	—
C00642	F00004	—	无	—	0	—
C00642	F00005	9787885273156	电饭煲	1×1	28	箱
C00642	F00100	—	无	—	0	—

续上表

库区	货位	条形码	货物名称	产品规格	账面数量	单位
C00642	F00101	9787799917542	落地灯配件	1×1	20	箱
C00642	F00102	—	无	—	0	—
C00642	F00103	9787799510521	微波炉	1×1	24	箱
C00642	F00104	9787799912707	电火锅	1×1	32	箱
C00642	F00105	—	无	—	0	—
C00642	G00000	—	无	—	0	—
C00642	G00001	—	无	—	0	—
C00642	G00002	9787883203872	加湿器	1×1	50	箱
C00642	G00003	—	无	—	0	—
C00642	G00004	—	无	—	0	—
C00642	G00005	—	无	—	0	—
C00642	G00100	—	无	—	0	—
C00642	G00101	—	无	—	0	—
C00642	G00102	—	无	—	0	—
C00642	G00103	9787798966879	台灯配件	1×1	16	箱
C00642	G00104	—	无	—	0	箱
C00642	G00105	—	无	—	0	箱
合 计					214	

给出的空白盘点单如图4-7所示。

盘 点 单

盘点日期： 年 月 日　　　　　　　　　　　　　　　页数：第一页,共一页

序号	储位	货物名称	条形码	产品规格	单位	初盘数量	复盘数量	确认数量	备注

初盘员(签名)：　　　　　　　　复盘员(签名)：

图4-7 空白盘点单

规定盘点差异处理办法为:根据实盘数量对系统库存进行盈亏调整。

盘点单中复盘人员、复盘数量及最终确认数量暂不要求填写。请完成此次盘点作业。

二、知识链接

盘点是为确定仓储内或其他场所内的库存材料、半成品或成品的实际数量,而对其库存加以清点。盘点的主要内容包括查数量、查质量、查保管条件、查设备、查安全等。

1. 盘点方法

盘点的各种方法如图 4-8 所示。

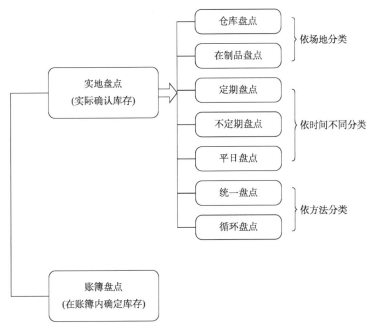

图 4-8 盘点的各种方法

1) 定期盘点和循环盘点

(1) 定期盘点:按照一定的期限如三个月(季)、六个月(半年)进行一次盘点(定期盘点)。这时,仓库、制程中所有的物品都要同时做盘点,这就必须停止出入库、移转等物流活动。

(2) 循环盘点:对规定应盘点的物项(A 类物料),以几天的时间为周期进行盘点的工作。

2) 账簿盘点和实地盘点

(1) 账簿盘点:以记录着每天出入库数量及单价的库存总账簿或库存卡为准,再依照理论来计算并且掌握库存的数量。也就是说,将一般库存的进货、出货、存货的这种流动性持续记录并计算于账簿内。如果没有将库存状况持续记录下来,在经营上也会浮现许多问题。如果无法实行账簿盘点,则必须进行实地盘点的工作,否则便无法得知利润的多寡。

(2)实地盘点:以实际调查仓库的库存数计算出库存额,又称实盘。因为在实际工作中,记录在账簿上的库存量与实际库存量并非完全一致,这就必须将实际的现货量进行仔细的确认。实地盘点的进行时间及其方法分为以下三种。

①依场地可分为仓库盘点、在制品盘点。

②依期限可分为定期盘点、不定期盘点、平日盘点。

依公司的规定在每个月月底、每半个月或每星期的间隔进行的盘点就是定期盘点。而属于一般业务的每月盘点即是平日盘点,这是许多企业最常用的盘点方法。还有一种只在需要时才进行的,就是不定期盘点。

③依方法分为统一盘点、循环盘点。

2. 作业流程

实地盘点的程序,如图4-9所示。在实地盘点前,要先制作一张实行计划表,掌握盘点程序,盘点人员先行商议及检讨后再进行盘点。

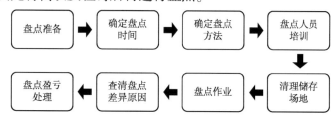

图 4-9　盘点作业流程图

1)盘点前的准备

盘点前应做的准备工作如下:确定盘店的具体方法和作业程序;配合财务会计做好准备;设计印制盘点用表单;准备盘点用基本工具。

2)确定盘点时间

盘点的日期一般会选择在财务决算前夕。通过盘点决算损益,以查清财务状况或淡季进行。因淡季储货较少,业务不太频繁,盘店较为容易,投入资源较少,且人力调动也较为方便。

3)确定盘点方法

根据实际情况科学确定盘点方法。

4)盘点人员的培训

大规模的全面盘点必须增派人员协助进行,这些人员通常来自管理部门,主要对盘点过程进行监督,并复核盘点结果,因此必须对他们进行熟悉盘点现场及盘点商品的训练;培训的另一个方面是针对所有盘点人员进行盘点方法及盘点作业流程的训练,必须让盘点作业人员对盘点的基本要领、表格、单据的填写十分清楚,盘点工作才能顺利进行。

5)清理储存场地

清理工作主要包括以下几个方面的内容:

(1)盘店前对以验收入库的商品进行整理归入储位,对未验收入库属于供应商的商品,应区分清楚,避免混淆。

(2)盘点场所关闭前,应提前通知,将需要出库的商品提前做好准备。

(3)账卡、单据、资料均应整理后统一结清。

(4)预先鉴别变质、损坏商品。对储存场所堆码的货物进行整理,特别是对散乱货物进行收集与整理,以方便盘点时计数。在此基础上,由商品保管人员进行预盘,以提前发现问题并加以预防。

6)盘点作业

盘点时可以采用人工抄表计数,也可以用电子盘点计数器。盘点工作不仅工作量大,而且非常烦琐,易疲劳。因此,为保证盘点正确性,除了加强盘点前的培训工作外,盘点作业时的指导与监督也非常重要。盘点作业的流程主要是首先进行人员和责任的分工,之后按相应的计数方法清点物品的数量,填写盘点单之后,再进行一次复盘。

7)查清盘点差异的原因

盘点会将一段时间以来积累的作业误差,及其他原因引起的账物不符暴露出来,发现账物不符,而且差异超过容许误差时,应立即追查产生差异的原因,这些原因通常可能来自以下一些方面:

(1)记账员的疏忽,登录数据时发生错登、漏登等情况;

(2)账物处理系统管理制度和流程不完善,导致数据出错;

(3)盘点时发生漏盘、重盘、错盘现象,盘点结果出现错误;

(4)盘点前数据资料未结清,使账面数不准确;

(5)出入库作业时产生误差;

(6)货物损坏、丢失等原因。

8)盘点的盈亏处理

(1)上报盘点结果

通过盘点查清仓库的实际库存量后,仓管员应该向上级部门及时报告盘点结果,并请其对盘点中产生的盈亏进行处理。为了使管理部门及时了解库存情况,仓管员应该依据盘点的结果,分析盘点产生差异的原因并制定对策,请上级主管部门就盘点差异的处理方法进行批示。

(2)调整账面存量

根据盘点后的结果,仓管员要办理库存账目、保管卡的更改手续以保证账、物、卡重新相符。

(3)调整库存账目

调整库存账目时,仓管员应该根据盘点结果,在库存账页中将盘亏数量做发出处理,将盘盈数量做收入处理,并在摘要中注明盘盈(亏)。

(4)调整保管卡

查清原因后,为了通过盘点使账面数与实物数保持一致,需要对盘点盈亏和报废品一并进行调整。除了数量上的盈亏,有些商品还将会通过盘点进行价格的调整,这些差异的处理,可以通过填写商品盘点盈亏调查表和商品盈亏价格调查表,经有关主管审核签认后,登入存货账卡,调查库存账面数量。仓管员调整保管卡时,也应该在收发记录中填写数量的变更。

三、小组讨论

(1)讲述盘点作业的基本流程。

_____

_____

(2)完成任务引入部分案例的盘点要求。

步骤一:新增盘点任务

使用给定的用户名和密码登录仓储管理系统。在如图4-10所示的界面中点击【仓储管理】→【盘点管理】→【盘点任务】。

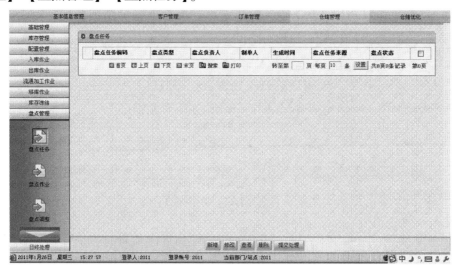

图4-10 新增盘点任务

点击图4-10所示界面下方的【新增】按钮,然后选择正确的"库房"和"盘点类型",弹出的界面如图4-11所示。

点击图4-11所示界面下方的【提交】按钮,弹出的界面如图4-12所示。

在如图4-12所示的界面中点击【提交处理】按钮,完成新增盘点任务操作。

步骤二:库存冻结

点击【仓储管理】→【库存冻结】,弹出的界面如图4-13所示。

点击图4-13下方的【新增】按钮,然后填写或选择【冻结类型】、【客户码】、【库房】、【货物编码】等信息,弹出的界面如图4-14所示。

点击图4-14下方的【提交】按钮,弹出的界面如图4-15所示。

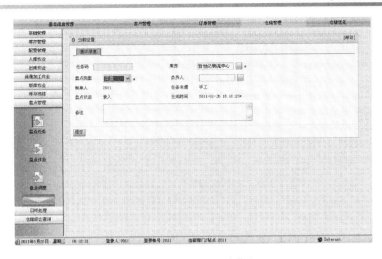

图 4-11　盘点任务基本信息

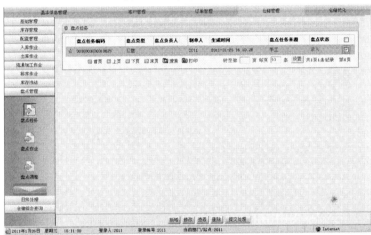

图 4-12　盘点任务提交处理

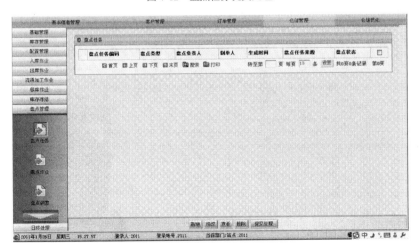

图 4-13　库存冻结

图 4-14 库存冻结表

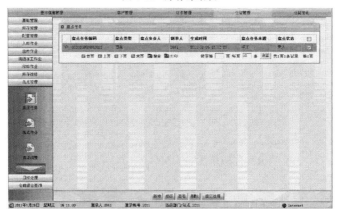

图 4-15 库存冻结操作界面

点击图 4-15 下方的【执行冻结】按钮,完成冻结库存操作。

步骤三:填制盘点单

仓管员作为初盘人员首先对照账面库存明细,针对指定存储区域储位货物整理盘点单。整理完毕后的盘点单如图 4-16 所示。

盘点日期: 2011年1月21日						页数: 第一页,共一页			
序号	储位	货物名称	条形码	产品规格	单位	初盘数量	复盘数量	确认数量	备注
1	F00000	电暖袋	9787880622355	1×1	箱				
2	F00101	落地灯配件	9787799917542	1×1	箱				
3	F00002	组合音响	9787799912714	1×1	箱				
4	F00103	微波炉	9787799510521	1×1	箱				
5	F00104	电火锅	9787799912707	1×1	箱				
6	F00005	电饭煲	9787885273156	1×1	箱				
7	G00002	加湿器	9787883203872	1×1	箱				
8	G00103	台灯配件	9787798966879	1×1	箱				

初盘员(签名): 复盘员(签名):

图 4-16 待用盘点单

步骤四：打印盘点单

将整理完毕的盘点单打印一份。

步骤五：实物盘点

仓管员手持打印的盘点单到托盘货架区找到对应储位进行实物盘点。每盘点一个储位的货物后，在盘点单初盘数量一栏记录实盘数量，如图4-17所示。

盘 点 单

盘点日期：2011年1月21日　　　　　　　　　　　　　　　　　　页数：第一页，共一页

序号	储位	货物名称	条形码	产品规格	单位	初盘数量	复盘数量	确认数量	备注
1	F00000	电暖袋	9787880622355	1×1	箱	24			
2	F00101	落地灯配件	9787799917542	1×1	箱	20			
3	F00002	组合音响	9787799912714	1×1	箱	20			
4	F00103	微波炉	9787799510521	1×1	箱	25			
5	F00104	电火锅	9787799912707	1×1	箱	32			
6	F00005	电饭煲	9787885273156	1×1	箱	28			
7	G00002	加湿器	9787883203872	1×1	箱	50			
8	G00103	台灯配件	9787798966879	1×1	箱	16			

初盘员(签名)：　　　　　　　　　　　　　　　　　　　　　复盘员：(签名)：

图4-17　记录初盘数量

仓管员实物盘点完毕后，初盘数量一栏也已统计完毕。然后签字确认并提交盘点单给仓库主管。签字确认后的盘点单如图4-18所示。

盘 点 单

盘点日期：2011年1月21日　　　　　　　　　　　　　　　　　　页数：第一页，共一页

序号	储位	货物名称	条形码	产品规格	单位	初盘数量	复盘数量	确认数量	备注
1	F00000	电暖袋	9787880622355	1×1	箱	24			
2	F00101	落地灯配件	9787799917545	1×1	箱	20			
3	F00002	组合音响	9787799912714	1×1	箱	20			
4	F00103	微波炉	9787799510521	1×1	箱	25			
5	F00104	电火锅	9787799912707	1×1	箱	32			
6	F00005	电饭煲	9787885273156	1×1	箱	28			
7	G00002	加湿器	9787883206872	1×1	箱	50			
8	G00103	台灯配件	9787798966879	1×1	箱	16			

初盘员(签名)：张　力　　　　　　　　　　　　　　　　　复盘员：(签名)：

图4-18　提交的盘点单

步骤六：盘点结果反馈

点击【仓储管理】→【盘点管理】→【盘点作业】，弹出的界面如图4-19所示。

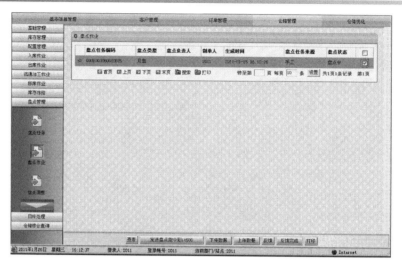

图 4-19　盘点作业反馈

点击图 4-19 下方的【反馈】按钮,弹出的界面如图 4-20 所示。

图 4-20　盘点单

在如图 4-20 所示的界面上,录入"实际正品量"与"实际次品量"两组数据,这两组数据都是根据盘点单的实盘数进行录入,如图 4-21 所示。

图 4-21　盘点单录入

实盘数据反馈完毕后,点击图 4-21 所示界面下方的【反馈完成】按钮,弹出的界面如图 4-22 所示。

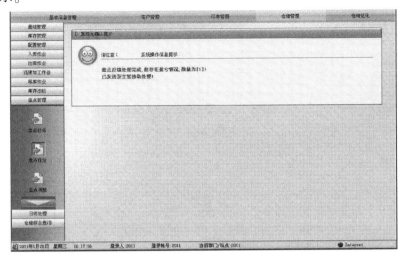

图 4-22　反馈完成

步骤七:盘点差异调整

根据本任务步骤六中系统操作信息提示的盘点结果反馈进行盘点差异调整。点击【仓储管理】→【盘点管理】→【盘点调整】,弹出的界面如图 4-23 所示。

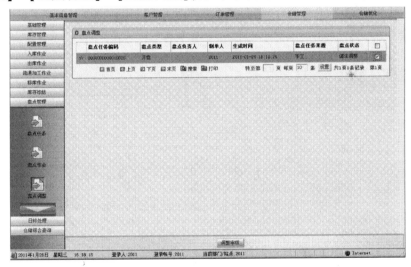

图 4-23　调整审核

点击图 4-23 所示界面下方的【调整审核】按钮,弹出的界面如图 4-24 所示。

根据任务规定的盘点差异处理办法为:根据实盘数量对系统库存进行盈亏调整。因此,在图 4-24 所示的界面中,选择盈亏调整选项,然后点击【下一步】按钮,弹出的界面如图 4-25 所示。

在图 4-25 所示的界面上,选择调整类型为"盈亏",然后点击【调整确认】按钮,完成盘点差异调整。

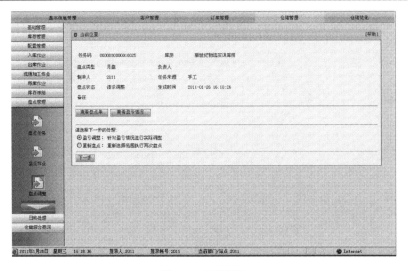

图 4-24 盈亏调整

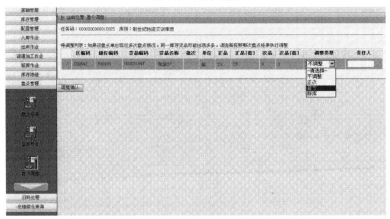

图 4-25 调整确认

步骤八：库存解冻

点击【仓储管理】→【库存冻结】→【库存解冻】,弹出的界面如图 4-26 所示。

图 4-26 库存冻结表

在图 4-26 所示的界面上,勾选货品编码为微波炉的记录,然后点击下方的【解冻】按钮,完成库存解冻操作。

(3)结合上题的盘点结果,制作盘点单、盘点表和盘点汇总盈亏表。

四、制订方案

步骤一:_____

步骤二:_____

步骤三:_____

步骤四:_____

五、实施方案

按照已制订好的方案进行练习,各组派代表上台展示。

六、评价反馈

当一组学生在操作时,另一组学生按照以下的评分标准(表 4-7)进行评分。

任 务 评 价 表　　　　　　　　　　　表4-7

班级:　　　　　　　　组别:　　　　　　　　姓名:

序号	作业项目	考核内容	配分	评分标准	评分记录	扣分	得分
1	填写纸质盘点单据	根据盘点信息填写相关单据	20	每错、漏一项扣3分,扣完为止			
2	盘点操作顺序	入库作业操作顺序	25	每少一流程扣5分			
				每个流程作业不全面扣1~4分			
3	仓储系统的运用	仓储系统的运用	30	每错、漏一项扣5分,扣完为止			
4	安全文明生产	遵守安全操作规程,正确使用设备、操作现场整洁	10	每项扣5分,扣完为止			
		安全用电,防火,无人身、设备事故	10	因违规操作发生重大人身和设备事故,此题按0分计			
5	团队合作能力	团队合作意识,注重沟通,能自主学习及相互协作	5	不参加者或中途离开者扣2分			
6	合计		100				

学习项目 5　出库作业

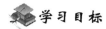

学习目标

(1) 能叙述商品出库流程和商品出库要求。
(2) 能熟练掌握商品出库作业流程的实训技能操作。
(3) 能利用相关书籍、网络等渠道收集信息,讨论和制订出相应的出库问题处理方案。
(4) 能结合仓储实训系统进行物资出库管理。
(5) 学会出库理货和出库复核。
(6) 能独立完成各种出库单据的填写。
(7) 工作过程中能够遵守 7S 现场管理规定。
(8) 能展示工作成果,并与他人进行有效的沟通和合作。

建议课时:18 课时

学习任务 1　出库订单处理

学习目标

(1) 了解商品出库的要求和流程。
(2) 了解常见的客户订货通知的获取方式。
(3) 能叙述商品出库订单处理的流程。
(4) 能熟练掌握商品出库订单处理的实训技能操作。
(5) 了解影响订单处理时间的因素和优先法则。
(6) 能独立完成单据的填写。
(7) 能与他人进行有效的沟通和合作。

建议课时:4 课时
学习地点:物流实训室

学习准备

(1) 设备:电脑、打印机、仓储管理系统、多媒体设备。
(2) 资料:提货通知单、取货通知单、出库订单处理学习资料。
(3) 学生分组:每5个学生为一组,分别扮演客户、信息员、仓管员、记录员并分别完成自己的本职工作,以便清楚地掌握出库订单处理。

一、任务引入

2011年1月21日上午,沃尔玛以电话的形式通知新世纪物流中心,下午16:00由沃尔玛的提货员赵永来库房提货,提货单号为:L000011002,车牌号:京BA5347,提货内容为20箱电火锅。信息部负责人根据客户的提货申请来完成仓储管理系统中的出库单处理及出库单打印。出库通知单如图5-1所示。

出库通知单

仓库名称:	新世纪物流中心			2011年01月21日		
批次	11001					
采购订单号	20110121003					
客户指令号	20110121004		订单来源	电话		
客户名称	沃尔玛		质量	正品		
出库方式	送货		出库类型	正常		
序号	货品编号	名称	单位	规格(mm)	申请数量	实收数量	备注
1	9787799912707	电火锅	箱	450×300×200	20		
	合 计						

(备注:第一联仓库留作;第二联财务留作;第三联仓库记账)
提货员: 仓管员:

图5-1 出库通知单

二、知识链接

1. 商品出库要求

商品出库要求做到"三不三核五检查"。"三不",即未接单据不翻账,未经审单不备货,未经复核不出库;"三核",即在发货时,要核实凭证、核对账卡、核对实物;"五检查",即对单据和实物要进行品名检查、规格检查、包装检查、件数检查、重量检查,如图5-2所示。

具体地说,商品出库要求严格执行各项规章制度,提高服务质量,使用户满意。它包括对品种规格要求,积极与货主联系,为用户提货创造各种方便条件,杜绝差错事故。

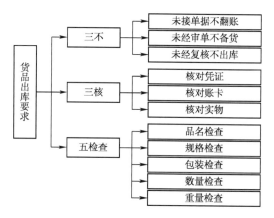

图 5-2 货物出库要求

2. 常见的客户订货通知的获取方式

(1)面对面交流获取:物流人员上门获取订单或客服上门发出提货通知;

(2)电子传输:客户采用电子传输方式,如 Word 文档、E-mail ;

(3)电话:客户直接打电话给企业,企业专员进行记录并录入系统;

(4)传真:客户业者将缺货资料整理成书面资料,利用传真机传给厂商;

(5)电子订货方式:将订货资料转为电子资料形式,再由通信网络传送。

3. 商品出库订单处理过程

客户一般以电话、E-mail、传真等形式发出提货通知,信息员接到客户的提货通知单后,要记录好货物信息、出库时间以及提货方式并仔细、认真地将信息录入系统。因为这些信息非常重要,所以要进行审查。审查无误后生产作业计划,接着确认计划生产,然后将生成的作业计划换货成提货通知单交给仓管员,仓管员根据提货通知单上的货物信息将货物备好,然后向客户发出取货通知书通知客户取货。其流程图如图5-3所示。

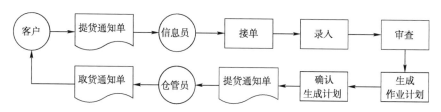

图 5-3 商品出库订单处理过程

4. 影响订单处理时间的因素

(1)硬件和系统。

(2)订单处理的先后顺序。

(3)并行处理与顺序处理。

(4)订单单履行的准确度。

(5)订单的批处理。

(6)集中运输。

三、小组讨论

(1)获取客户订单的方式有哪些?

_____

_____

_____

(2)请画出订单处理的流程图。

```
┌─────────────────────────────────────────┐
│                                         │
│                                         │
│                                         │
│                                         │
│                                         │
│                                         │
└─────────────────────────────────────────┘
```

(3)填写如图 5-4 所示的纸质出库单据。

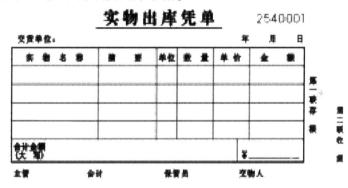

图 5-4　出库单据

(4)学习仓储实训系统说明,录入出库订单并打印出来。

步骤一:进入仓储管理系统

输入分配账号和密码后,订单的主要操作功能按钮如图 5-5 所示。

步骤二:录入出库订单

点击图 5-5 所示界面中的【出库订单】,弹出的界面如图 5-6 所示。

点击图 5-6 所示界面中的【新增】,进入出库订单录入界面,在【信息录入】界面中心,录入客户码、采购订单号、客户指令号、客户收货人等信息,如图 5-7 所示。

图 5-5　订单的主要操作按钮

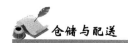

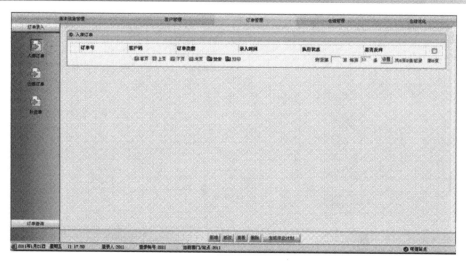

图5-6 新增订单

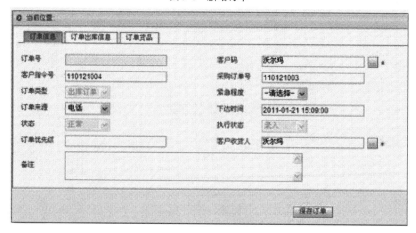

图5-7 订单信息

录入完毕切换到【订单出库信息】标签,录入库房名称、出库类型和具体出库时间,如图5-8所示。

图5-8 订单信息

录入完毕,切换至【订单货品】标签,录入出库商品具体信息,如图5-9所示。

图 5-9 订单货品

录入完毕之后,点击图 5-9 所示界面中的【保存订单】,则结束出库订单录入。

步骤三:生产作业计划

出库订单录入完毕后,进入图 5-10 所示界面。

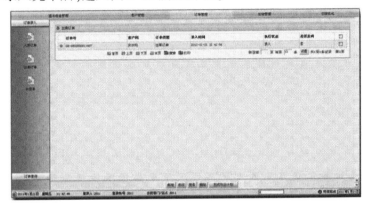

图 5-10 生产作业计划

在图 5-10 所示界面中勾选已录入完毕的订单,然后点击【生产作业计划】,弹出的界面如图 5-11 所示。

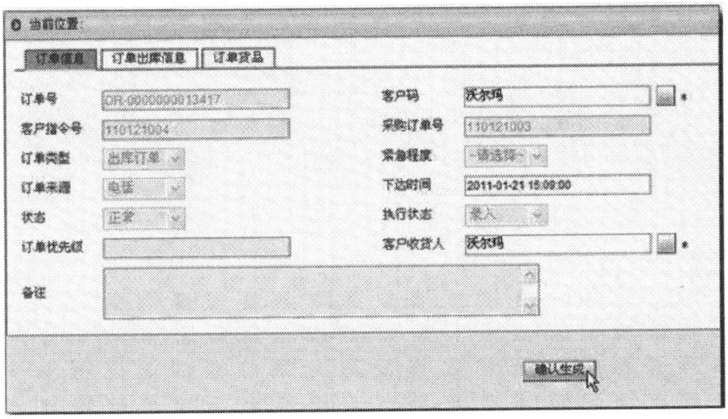

图 5-11 确认生成作业计划

核查出库订单信息无误后,点击图 5-11 所示界面中的【确认生成】,则结束出库订单生成作业计划操作。

步骤四:打印出库单

点击图 5-12 所示界面中的【出库单打印】,进入图 5-12 所示界面。

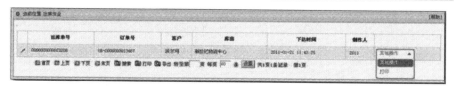

图 5-12 单据打印

在图 5-12 所示界面中的该条订单后的下拉复选框中选【打印】,弹出的打印窗口如图 5-13 所示。

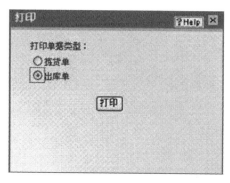

图 5-13 打印单据类型

在图 5-13 中选择打印单据类型为出库单,点击【打印】,屏幕显示如图 5-14 所示。点击【打印】按钮,即可打印纸质出库单。

图 5-14 出库单

四、制订方案

(1) 分好角色准备扮演,如图 5-15 所示。

(2) 列出扮演所需的"道具",包括提货通知单、取货通知单……

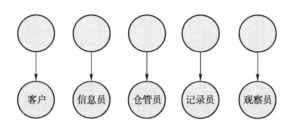

图 5-15　角色扮演

(3) 明确组员角色与任务分工,具体分工见表 5-1。

任　务　2　　　　　　　　　　　　表 5-1

角　色	任　务	分工方案 1	分工方案 2
客户	向信息员发出提货通知		
信息员	出库订单处理		
仓管员	备货		
记录员	记录客户、信息员、仓管员言行		
观察员	观察组员并作点评		

(4) 记录表演内容

_____

_____

_____

_____

五、实施方案

按照已制订好的方案进行练习,并上台展示。

六、评价反馈

当一组学生操作时,另一组学生按照以下的评分标准(表 5-2)进行评分。

任 务 评 价 表   表 5-2

班级：　　　　　　　　组别：　　　　　　　　姓名：

序号	作业项目	考核内容	配分	评分标准	评分记录	扣分	得分
1	填写纸质出库单	根据提货通知书填写出库单据	20	每错、漏一项扣3分,扣完为止			
2	画出出库订单处理流程	出库订单处理流程	25	每少一流程扣5分 每个流程作业不全面扣1~4分			
3	出库订单打印	出库订单打印	30	每错、漏一项扣5分,扣完为止			
4	安全文明生产	遵守安全操作规程,正确使用设备、操作现场整洁	10	每项扣5分,扣完为止			
		安全用电,防火,无人身、设备事故	10	因违规操作发生重大人身和设备事故,此题按0分计			
5	团队合作能力	团队合作意识,注重沟通,能自主学习及相互协作	5	不参加者或中途离开者扣2分			
6	合计		100				

学习任务 2　出库理货

学习目标

(1)明确出库前的准备工作。
(2)明确出库理货所需设备。
(3)能掌握出库理货实训技能操作。
(4)能独立完成实操并撰写实操报告。

建议课时:6 课时
学习地点:物流实训室

学习准备

(1)设备:电脑、互联网资源、仓储管理系统、多媒体设备。
(2)资料:出库通知单、出库理货学习资料。

(3)学生分组:每位学生独立完成。

一、任务引入

2011年1月21日,仓管员张力接到出库指令,他要利用手持终端、叉车等设备完成沃尔玛超市所需货物的下架,并将拣选完成的货物从托盘货架交接区搬运至发货理货区。搬运设备在主通道的单程行驶路线如图5-16所示。

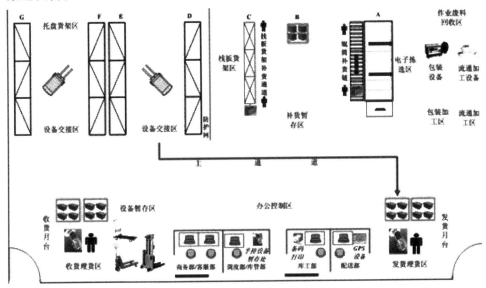

图5-16 搬运设备行驶路线

二、知识链接

1. 出库准备

由于出库作业工作繁杂、工作量大,因此要事先对出库作业加以合理组织,安排好作业人力,以保证各个环节紧密衔接。

1)计划工作

该项工作就是根据需货方提出的出库计划或要求,事先做好物资出库的安排,包括货场货位、机械搬运设备、工具和作业人员等的计划、组织,以提高人、财、物的利用率。

2)做好出库物品的包装和标志标记

出库发运外地的货物,包装要符合运输部门的规定,以便于搬运装卸。出库货物大多数是原件分发的,由于经过运输,多次中转装卸、堆码及翻仓倒垛或拆件验收,部分物品包装不能再适应运输的要求,所以,仓库必须根据情况整理加固或改换包装。

3)事先准备一定数量和不同品种的物品

对于经常需要拆件发零的货物,应事先准备一定数量和不同品种的物品,发货付出后,要及时补充,避免临时再拆整取零,延缓付货。拼箱物品一般要做好挑选、分类、坐理等准备工作。有的物品可以根据要求事先进行分装。

4）事先准备材料和工具

对于有装箱、拼箱、改装等业务的仓库,在发货前应根据物品的性质和运输部门的要求,准备各种包装材料及相应衬垫物。还要准备刷写包装标志的用具、标签、颜料及钉箱、扩仓的工具用品等。

5）场所及设备的准备

出库货物从办理托运到出库的付运过程中,需要安排一定的仓库或站台等作为理货场所,需要调配必要的装卸机具。提前集中付运的物品,应按物品运输流向分堆,以便于运输人员提货发运,及时装好物品,加使发货速度。

2. 出库理货所需设备

1）手持终端

手持终端是指具有以下几种特性的便于携带的数据处理终端：

（1）具有数据存储及计算能力；

（2）可进行二次开发；

（3）能与其他设备进行数据通信；

（4）有人机界面及显示与输入功能；

（5）电池供电。

按以上定义,手持终端常见的有 PDA、手机、智能手机、条码数据采集器、手持 IC 卡数据终端、手持指纹采集终端、抄表机等。图 5-17 所示为常见的手持终端。

图 5-17　手持终端

2）叉车

叉车是一种用来装卸、搬运和堆码单元物品的车辆,是仓库装卸搬运机械中应用最广泛的一种设备,具有选用性强,机动灵活,效率高的优点。叉车由自行的轮胎底盘、能垂直升降的货叉和前后倾斜的门架等组成。它不仅可以将物品叉起进行水平运输还可以将物品提升进行垂直堆码。

叉车各部分名称见图 5-18。

图 5-18 叉车结构图

三、小组讨论

(1) 出库前的准备工作有哪些?

_____
_____
_____
_____

(2) 出库理货会用到哪些设备?

_____
_____
_____
_____

(3) 学习出库理货系统说明,完成出库理货实训。

步骤一:登录手持终端系统

用指定的账号和密码登录手持终端系统,其中库房名称选择新世纪物流中心。

步骤二:出库理货开始

在图 5-19 所示界面中,点击【补货作业和出库作业】,弹出的界面如图 5-20 所示。

在图 5-20 所示界面中,点击【出库理货】,弹出如图 5-21 所示的对话框。点击[开始],按钮会变成"完成",如图 5-22 所示。这表示出库理货作业已经启动。

步骤三:读取下架信息

在图 5-22 所示的对话框中,点击【主菜单】,系统会返回补货作业和出库作业界面,如图 5-23 所示。

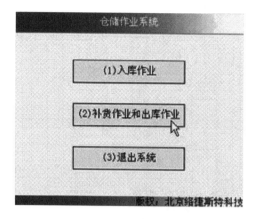

图 5-19　仓储作业系统

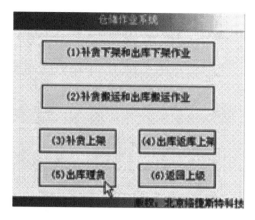

图 5-20　补货作业与出库作业

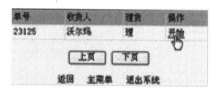

图 5-21　出库理货开始

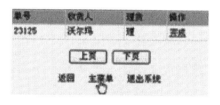

图 5-22　出库理货启动

在图 5-23 所示的界面中,点击【补货下架和出库下架作业】,弹出的界面如图 5-24 所示。界面下方显示的是待下架的货物名称、下架数量、存放储位和托盘标签信息。

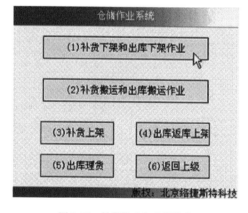

图 5-23　补货作业和出库作业

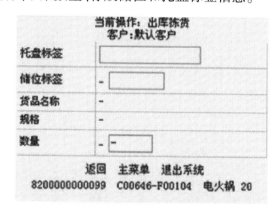

图 5-24　出库下架

步骤四:下架操作

首先从设备暂存区将手动液压堆高车取出。然后将手动液压堆高车停至待下架托盘货物的货架前。

登录手持终端系统,进入图 5-24 所示的界面。利用手持终端采集托盘标签和储位标签信息。信息采集成功后,手持终端系统将自动显示默认拣货数量,弹出的界面如图 5-25 所示。

在图 5-25 所示界面中点击【确认下架】,弹出如图 5-26 所示的界面。界面下方没有操作信息,表示当前出库下架作业已经确认。

利用手动液压堆高车将一托盘货物即 32 箱电火锅从手持终端提示的货位下架,如图 5-26、图 5-27 所示。

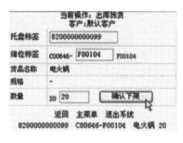 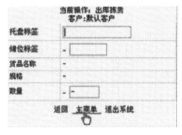 

图 5-25　确认下架　　　　图 5-26　出库下架完成　　　　图 5-27　下架操作

下架完成后,使用手动液压堆高车将货物搬运至托盘货架交接区,并将其放回设备暂存区。

四、制订方案

(1)明确出库前的准备工作。

(2)明确出库理货所需设备。

(3)对出库理货进行实训。

五、实施方案

按照已制订好的方案进行练习,并上交实训报告。

六、评价反馈

当一组学生操作时,另一组学生按照以下的评分标准(表 5-3)进行评分。

任 务 评 价 表　　　　表 5-3

班级:　　　　　　　　　组别:　　　　　　　　　姓名:

序号	作业项目	考核内容	配分	评分标准	评分记录	扣分	得分
1	列出出库前的准备工作	出库前的准备工作	20	每错、漏一项扣 3 分,扣完为止			
2	阐述出库理货所需设备	出库理货所需设备	25	每少一流程扣 5 分			
				每个流程作业不全面扣 1~4 分			
3	对出库理货进行实训	出库理货实操	30	每错、漏一项扣 5 分,扣完为止			

续上表

序号	作业项目	考核内容	配分	评分标准	评分记录	扣分	得分
4	安全文明生产	遵守安全操作规程,正确使用设备、操作现场整洁	10	每项扣5分,扣完为止			
		安全用电,防火,无人身、设备事故	10	因违规操作发生重大人身和设备事故,此题按0分计			
5	独立完成任务能力	独立执行力	5	不参加者或中途离开者扣2分			
6	合计		100				

学习任务3 出库复核

学习目标

(1)了解复核的具体内容是什么。
(2)掌握复核常见问题。
(3)掌握复核常见问题的解决措施。
(4)培养竞争意识。
(5)学会换位思考。

建议课时:4课时
学习地点:多媒体教室

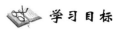

学习准备

(1)设备:电脑、出库复核学习资料、互联网资源、多媒体设备。
(2)学生分组:学生6人为一组,三位评审老师,三位参赛选手。

一、任务引入

仓管员张力理货完毕,将要出库。主管老李告诉他,出库前要复核,于是张力进行了出库复核。

二、知识链接

1.复核的具体内容

货物准备好后,为了避免所备货物与客户所需货物有偏差,应该在出库前进行一次全面的复核。

复核的目的及具体内容如下:

(1)安全性得到保障。检查车辆能否承受装载物的重量,能否保证物资在运输装卸中不致破损,并保证物资完整。

(2)便捷性得以体现。检查货物摆放是否合理,是否便于装卸搬运作业。

(3)保护措施到位。检查是否有怕震怕潮等物资,衬垫是否稳妥,密封是否严密口,要确保各项保护措施到位。

(4)标志正确、明显。检查收货人、到站、箱号、危险品或防震防潮等标志是否正确、明显。

(5)保证"货证相符"。每件包装是否有装箱单,装箱单上所列各项目是否与实物、凭证等相符。

2.复核常见问题及处理

货物出库的复核查核对形式应视具体情况而定,可以由仓管员自行复核,也可以由仓管员相互复核,还可以设专职出库物资复核员进行复核或由其他人员复核等。

复核时常核查出的问题及解决方案如下:

(1)安全性得不到保障。若超载、超宽或超重,则更换车辆。

(2)便捷性得以到体现。把货物摆放在合适的地方,比如放在托盘上,并且尽量接近在仓库门口。

(3)保护措施不到位。做好防潮、防振、防虫蚁等工作。

(4)标志不正确、不明显。修正错误的收货人、到站、箱号、危险品或防振防潮等标志并尽量让标志明显。

(5)"货证相符"得不到保证。将装箱单上所列各项目与实物、凭证等相符,做到不错也不漏。

如经反复核对确实不符时,应该立即调换,并将原错备物品上的标记除掉,退回原库房;复核结余物品数量或重量是否与保管账目、商品保管卡片结余数相符,发现不符应立即查明原因。

三、小组讨论

(1)复核的具体内容是什么?

_____

_____

_____

(2)列举复核常见问题并提出解决措施。

_____

_____

四、制订方案

(1) 分好角色(如图 5-28 所示),准备扮演。

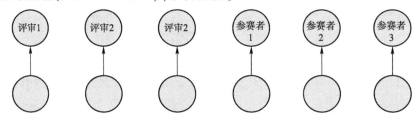

图 5-28 角色扮演

(2) 准备好问题。

_____
_____
_____
_____
_____

(3) 确定比赛规则。

每位参赛选手有 50 分基础分,问题 1、2、3 要抽签决定谁回答哪个问题,答对得 20 分,答错不扣分,剩下的问题为抢答题,答对得 10 分,答错扣 5 分,最终高分者胜出。

(4) 分工安排如下:

①评审老师:给每一位参赛选手打分,并统计。

②参赛者:认真回答每一个问题。

(5) 制作如表 5-4 所示的评分表格。

评 分 表 表 5-4

	问题1	问题2	问题3	问题4	问题5	问题6	问题7
参赛者1							
参赛者2							
参赛者3							

五、实施方案

按照已制订好的方案进行练习。

六、评价反馈

当一组学生操作时,另一组学生按照以下的评分标准(表 5-5)进行评分。

任务评价表 表5-5

班级：　　　　　　　　组别：　　　　　　　　姓名：

序号	作业项目	考核内容	配分	评分标准	评分记录	扣分	得分
1	列举复核的具体内容	复核的具体内容	20	每错、漏一项扣3分，扣完为止			
2	列举复核常见问题并提出解决措施	复核常见问题并提出解决措施	25	每少一流程扣5分			
				每个流程作业不全面扣1~4分			
3	参与表演	对复核整体知识的掌握情况	30	根据角色扮演情况酌情给分，不参加者不得分			
4	安全文明生产	遵守安全操作规程，正确使用设备、操作现场整洁	10	每项扣5分，扣完为止			
		安全用电，防火，无人身、设备事故	10	因违规操作发生重大人身和设备事故，此题按0分计			
5	团队合作能力	团队合作意识，注重沟通，能自主学习及相互协作	5	不参加者或中途离开者扣2分			
6	合计		100				

学习任务4　退货处理

学习目标

(1)了解商品退货的原因。
(2)掌握退货处理的程序。
(3)画出退货处理流程图。
(4)学会自己上网搜索相关资料。
(5)增强团队合作意识。

建议课时:4课时
学习地点:物流实训室

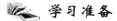
学习准备

(1)设备:电脑

（2）资料：多媒体设备、互联网资源、退货处理资料。

（3）学生分组：每5个学生组成一个学习小组,分角色扮演。

一、任务引入

仓管员在整理各种单据时,收到了信息员发来的退货信息(上次发给沃尔玛的电火锅要求退货)。于是主管查明退货原因,并对退货问题进行处理。

二、知识链接

1. 商品退货的原因

商品退货是指仓库按订单或合同将货物发出后,由于某种原因,客户将商品退回仓库。通常发生退货或换货的原因主要有：

1) 协议退货

与仓库订有特别协议的季节性商品、试销商品、代销商品等,协议期满后,剩余商品仓库给予退回。

2) 有质量问题的退货

对于不符合质量要求的商品,接收单位提出退货,仓库也将给予退换。

3) 搬运途中损坏退货

商品在搬运过程中造成产品包装破损或污染,仓库将给予退回。

4) 商品过期退回

食品及有保质期的商品在送达接收单位时或销售过程中超过商品的有效保质期,仓库予以退回。

5) 商品送错退回

送达客户的商品不是订单所要求的商品,如商品条码、品项、规格、重量、数量等与订单不符,都必须退回。

2. 退货作业的程序

1) 接受退货

仓库接受退货要有规范的程序与标准,如什么样的货品可以退,由哪个部门来决定,信息如何传递等。

仓库的业务部门接到客户传来的退货信息后,要尽快将退货信息传递给相关部门,运输部门安排取回货品的时间和路线,仓库人员作好接收准备,质量管理部门人员确认退货的原因。一般情况下,退货由送货车带回,直接入库。批量较大的退货,要经过审批程序。

2) 重新入库

对于客户退回的商品,仓库的业务部门要进行初步的审核。由于质量原因产生的退货,要放在堆放不良品而准备的区域,以免和正常商品混淆。退货商品要进行严格的重新入库登记,及时输入企业的信息系统,核销客户应收账款,并通知商品的供应商退货信息。

3）财务结算

退货发生后,给整个供应系统造成的影响是非常大的,如对客户端的影响、仓库在退货过程中发生的各种费用、商品供应商要承担相应货品的成本等。

如果客户已经支付了商品费用,财务要将相应的费用退给客户。同时,由于销货和退货的时间不同,同一货物价格可能出现差异,同质不同价、同款不同价的问题时有发生,故仓库的财务部门在退货发生时要进行退回商品货款的估价,将退货商品的数量、销货时的商品单价以及退货时的商品单价信息输入企业的信息系统,并依据销货退回单办理扣款业务。

4）跟踪处理

退货发生时,要跟踪处理客户提出的意见,统计退货发生的各种费用,通知供应商退货的原因并退回生产地或履行销毁程序。退货发生后,首先要处理客户端提出的意见。由于退货所产生的商品短缺、对质量不满意等客户端的问题是业务部门要重点解决的。退货所产生的物流费用比正常送货高得多,所以要认真统计,及时总结,将此信息反馈给相应的管理部门,以便指定改进措施。退货仓库的商品要及时通知供应商,退货的所有信息要传递给供应商,如退货原因、时间、数量、批号、费用、存放地点等,以便供应商能将退货商品取回,并采取改进措施。

其具体流程如图 5-29 所示。

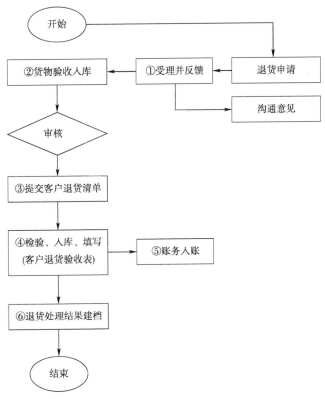

图 5-29　退货作业流程图

退货处理流程说明见表5-6。

退货单流转处理 表5-6

节点控制	相 关 说 明
①	公司相关部门对客户退货申请进行受理和公司内部处理结果的及时反馈工作
②	接到客户退货通知,电话通知公司物流人员取货入仓,货运单据递交仓务部退货验收负责人
③	根据仓务部退货验收负责人提交的客户退货清单及处理意见及时给客户反馈和沟通
④	仓务部指定责任人接到客户退货后,对货品进行拆箱、核数、入库工作,同时详细填写《客户退货验收表》,对客户退货数据准确性负责
⑤	客户退货清单递交给财务部入账
⑥	仓务部负责对客户退货情况及退货处理结果进行整理建档,做到客户退货有据可查,有单可依

三、小组讨论

(1)退货问题出现的原因有哪些?

_____
_____
_____
_____

(2)退货现象如何处理?

_____
_____
_____
_____

(3)画出退货流程图。

四、制订方案

（1）分角色扮演，如图5-30所示。

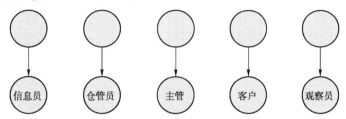

图5-30　角色扮演

（2）上网查阅有关退货处理的解决措施。

_____

_____

（3）任务分配见表5-7。

任务分配表　　　　　　　　　　表5-7

人员	任务
信息员	
仓管员	
主管	
客户	
观察员	

五、实施方案

按照已制订好的方案进行练习，各组派代表上台展示。

六、评价反馈

当一组学生操作时，另一组学生按照以下的评分标准（表5-8）进行评分。

任务评价表　　　　　　　　　　表5-8

班级：　　　　　　　　　组别：　　　　　　　　　姓名：

序号	作业项目	考核内容	配分	评分标准	评分记录	扣分	得分
1	阐述退货问题出现的原因	退货问题出现的原因	20	每错、漏一项扣3分，扣完为止			
2	列举退货处理的解决措施	退货处理的解决措施	25	每少一流程扣5分			
				每个流程作业不全面扣1~4分			

续上表

序号	作业项目	考核内容	配分	评分标准	评分记录	扣分	得分
3	阐述解决退货处理的程序	解决退货处理的程序	30	每错、漏一项扣5分,扣完为止			
4	安全文明生产	遵守安全操作规程,正确使用设备、操作现场整洁	10	每项扣5分,扣完为止			
		安全用电,防火,无人身、设备事故	10	因违规操作发生重大人身和设备事故,此题按0分计			
5	团队合作能力	团队合作意识,注重沟通,能自主学习及相互协作	5	不参加者或中途离开者扣2分			
	合计		100				

学习项目 6 配 送 作 业

学习目标

(1) 能叙述订单处理的方式并画出流程图。
(2) 能熟练掌握补货作业的分类和时机。
(3) 能熟练掌握分拣的常用设备和区分播种式分拣和摘果式分拣。
(4) 能掌握流通加工的特点和作用。
(5) 能利用相关书籍、网络等渠道收集信息,讨论和制订出相应的配货方案。
(6) 能展示工作成果,并与他人进行有效的沟通和合作。

建议课时:18 课时

学习任务 1 配 送 订 单 处 理

学习目标

(1) 了解订单处理的概念。
(2) 了解不同的订单处理方式。
(3) 掌握传统订单与电子订单的区别。
(4) 掌握订单处理的流程。
(5) 学会上网检索资料。

建议课时:4 课时
学习地点:多媒体教室

学习准备

(1) 设备:多媒体设备、电脑、互联网、配送订单处理资料。
(2) 学生分组:每 5 名学生组成一个学习小组进行讨论。

仓储与配送

一、任务引入

2011年1月21日上午,新世纪物流中心配送部收到沃尔玛的一份传真,传真内容如图6-1所示,配送部客服需要客户的订单确认,并在仓储管理系统中完成配送订单的处理。

收件人:	新世纪物流中心配送部	日期:2011年1月21日
传真内容:	通州经济开发区店订单	

发件人:	沃尔玛
联系人:	王丽莉

订货单

公司名称:	沃尔玛		
收货地址:	北京市通州区宋庄经济开发区9号		
邮编:	110009		
收货人姓名:	李宏宇		
收货人电话:	13611132***		
E-mail:		订单日期:	2011年1月21日
负责人联系信息			
姓名:	王丽莉	地址:	北京市朝阳区中路11号3层
电话:	010——50789***	传真:	010——50789***
手机号码:		E-mail:	

序号	货物名称	产品规格(个)	需求数量	单位	单价	金额
1	唐朝乐队-浪漫骑士-DVD	1×100	1	张		
2	唐朝乐队-梦回唐朝-DVD	1×100	3	张		
3	黑豹乐队-光芒之神-DVD	1×100	1	张		
4	黑豹乐队-狂飙激情-DVD	1×100	1	张		
5	零点乐队-爱不爱我-DVD	1×100	3	张		
6	零点乐队-相信自己-DVD	1×100	2	张		
7	零点乐队-永恒起点-DVD	1×100	1	张		
8	Beyond-乐队-海阔天空-DVD	1×100	2	张		
9	Beyond-乐队-光辉岁月-DVD	1×100	2	张		
备注	产品使用出厂原包装,附手提包装袋16个;于2011年1月22日下午3点前送至沃尔玛通州店。					

图6-1 订货单

二、知识链接

1. 订单处理的概念

所谓订单处理,就是由订单管理部门对客户的需求信息进行及时的处理。

订单处理是配送服务的第一个环节,也是配送服务质量得以保证的根本。订单处理是实现企业顾客服务目标最重要的环节之一。改善订单处理过程,缩短订单处理周期,提高订单满足率和供货的准确率,提供订单处理全程跟踪,可以大大提高顾客服务水平与顾客满意度,同时也能降低库存水平和物流总成本,使企业获得竞争优势。

2. 订单处理方式

1) 传统的订货方式

传统的订货方式一般包括厂商补货、厂商巡货、隔日送货、电话口头订货、传真订货、邮寄订单、客户自行取货等。

不管利用上述何种方式订货,这些订货方式皆需人工输入资料而且经常重复输入、传票重复填写,并且在输入输出过程中经常造成时间耽误及产生错误,造成无谓的浪费。尤其现今客户更趋向于高频度的订货,且要求快派即送,传统订货方式已经无法满足客户的需求,这便得新的订货方式——电子订货应运而生。

2) 电子订货方式

电子订货方式,顾名思义即用电子传递方式,取代传统人工书写、输入、传送的订货方式,也就是将订货资料转为电子资料形式,再由通信网络传送,此系统即称电子订货系统,即用电子资料交换方式取代传统商业下单、接单动作的自动化订货系统。其订货可分为三种:

(1) 利用订货簿或货架标签配合手持终端机及扫描器。

订货人员携带订货簿及手持终端及扫描器巡视货架,若发现商品缺货则用扫描器扫描订货簿或架上的商品标签,再输入订货数量,当所有订货资料皆输入完毕后,利用计直机将订货资料传给供应商或总公司。

(2) 利用POS机订货。

客户若有POS收款机则可在商品库存管理系统中设定安全存量,每当库存低于安全量时,即自动产生订货资料,将此订货资料确认后即可通过信息网络传给总公司或供应商也有客户将每日的POS销售资料与库存资料比对后,根据采购计划向供应商下订单。

(3) 利用订货应用系统订货。

客户信息系统里若有订单处理系统,可将应用系统产生的订货数据经由特定软件转换功能转成与供应商约定的通用格式,在约定时间里将资料传送出去。

3) 传统订货方式与电子订货方式

传统订货方式与电子订货方式的优缺点见表6-1。

传统订货方式与电子订货方式的比较　　　　　　　　表 6-1

传统订货方式的不足	电子订货方式的特点
1. 传输数据不及时; 2. 数据准确率不高; 3. 代理商不能当场确认订单; 4. 劳动强度大	1. 取代传统手工录单,全程电子化操作; 2. 订单数据能及时准确上传; 3. 动态显示订单报表及排名,引导客商合理订货; 4. 厂商能及时掌握动态订货数据; 5. 现场打印并确认订单合约; 6. 订货会会期压缩,大幅降低工作强度; 7. 会务费用节省巨大; 8. 压缩供应链时间,新品提前上市

3. 订单处理流程

订单处理是企业的一个核心业务流程,包括订单准备、订单传递、订单登录、按订单供货、订单处理状态跟踪等活动。订单处理是实现企业顾客服务目标最重要的影响因素。改善订单处理过程,缩短订单处理周期,提高订单满足率和供货的准确率,提供订单处理全程跟踪信息,可以提高顾客服务水平与顾客满意度,同时也能够降低库存水平,在提高顾客服务水平的同时降低物流总成本。

订单处理流程如图 6-2 所示。

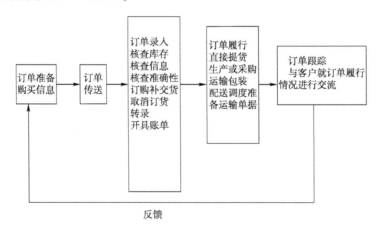

图 6-2　订单处理流程

一般的订单处理过程主要包括:订单准备、订单传递、订单登录、按订单供货、订单处理状态追踪五个部分。

1) 订单准备

订单准备是指搜集所需产品或服务的必要信息和正式提出购买要求的各项活动。

2) 订单传输

传送订单信息是订单处理过程中的第二步,涉及订货请求从发出地点到订单录入地点的传输过程。订单传输可以通过两种基本方式来完成:人工方式和电子方式。

3）订单录入

订单录入指在订单实际履行前所进行的各项工作,主要包括:

(1)核对订货信息(如商品名称与编号、数量、价格等)的准确性;

(2)检查所需商品是否可得;

(3)如有必要,准备补交货订单或取消订单的文件;

(4)审核客户信用;

(5)必要时,转录订单信息;

(6)开具账单。

4）订单履行

订单履行是由与实物有关的活动组成的,主要包括:

(1)通过提取存货、生产或采购员购进客户所订购的货物;

(2)对货物进行运输包装;

(3)安排送货;

(4)准备运输单证。其中有些活动可能会与订单录入同时进行以缩短订单处理时间。

5）订单跟踪

订单处理过程的最后环节是通过不断向客户报告订单处理过程中或货物交付过程中的任何延迟,确保优质的客户服务。具体工作包括:

(1)在整个订单周转过程中跟踪订单;

(2)与客户交换订单处理进度、订单货物交付时间等方面的信息。

三、小组讨论

(1)简述订单处理的概念。

_____
_____
_____
_____
_____

(2)订单处理的方式有哪些?

_____
_____
_____
_____
_____

(3) 画出订单处理的流程。

四、制订方案

(1) 每 5 个同学组成一个学习小组，先一起讨论并完成小组讨论问题。

(2) 分角色扮演。

(3) 分工明确。

(4) 登录配送作业系统进行角色扮演见表 6-2。

表 6-2

小组成员	角色	任务
1	客户	给信息员发提货传真
2	信息员	将信息传达给仓管员 1
3	仓管员 1	做订单处理(接收订单、订单确认、库存查询、订单录入)
4	仓管员 2	为仓管员 1 出谋划策
5	主管	纠正与点评

五、实施方案

按照已制订好的方案进行练习，并上交实训报告。

六、评价反馈

当一组同学操作时，另一组同学按照表 6-3 的评分标准进行评分。

任务评价表　　　　　　　　　　表 6-3

班级：　　　　　　　组别：　　　　　　　姓名：

序号	作业项目	考核内容	配分	评分标准	评分记录	扣分	得分
1	简述订单处理的概念	订单处理的概念	20	每错、漏一项扣 3 分，扣完为止			
2	列举订单处理的方式	订单处理的方式	25	每少一流程扣 5 分　每个流程作业不全面扣 1~4 分			

续上表

序号	作业项目	考核内容	配分	评分标准	评分记录	扣分	得分
3	画出订单处理的流程	订单处理的流程	30	每错、漏一项扣5分,扣完为止			
4	安全文明生产	遵守安全操作规程,正确使用设备、操作现场整洁	10	每项扣5分,扣完为止			
		安全用电,防火,无人身、设备事故	10	因违规操作发生重大人身和设备事故,此题按0分计			
5	团队合作能力	团队合作意识,注重沟通,能自主学习及相互协作	5	不参加者或中途离开者扣2分			
6	合计		100				

学习任务2 补货作业

学习目标

(1)了解补货作业的相关概念。
(2)掌握补货作业的分类。
(3)掌握补货作业的时机。
(4)理清补货作业的流程。
(5)会填写补货单。
(6)能完成补货作业实训。

建议课时:4课时
学习地点:供应链实训室

学习准备

(1)设备:补货单、电脑、多媒体设备、补货作业资料、互联网资源。
(2)学生分组:每6名学生为一组。

一、任务引入

在新世纪物流中心拣货区内,电火锅拣货完成后,发现拣货区所剩余的存货量过低,需要及时补货。这时仓管员张力要根据信息员仓储管理系统中产生的补货单,将所

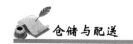

需货品从保管区移到动管拣货区。

二、知识链接

1. 概念介绍

1）补货作业

补货作业是指从保管区域将货品移到另一个为了做订单拣取的动管拣货区域，其目的是确保商品能保质保量按时送到指定的拣货区。常见的补货单如图6-3所示。

货品类别			补货日期/时间			本单编号：			
项次	品名	单位	货品代码	源储位	目的储位	最低/最高存货量	补货量	实际补货量	

图6-3 补货单

2）保管储区

对于入库作业时所使用的保管区域，此区域的货品大多以中长期状态在进行保管，所以称为保管储区。

3）动管储区

动管储区是指在拣货作业时所使用的拣货区域。由于该区域的货品大多在短时期即将被拣取出货，其货品在储位上流动频率很高所以称为动管储区。

动管储区的功能是满足拣货的需求，为了让拣货时间及距离缩短并降低拣错率就必须在拣取时能很方便快速地找到欲拣取货品所在位置。

2. 补货作业分类

1）整箱补货

整箱补货是由货架保管区补货到流动货架的拣货区。这种补货方式的保管区为料架储放区，动管拣货区为两面开放式的流动棚拣货区。这种方式适于体积小且少量多样出货的货品。整箱补货示意图见图6-4。

2）整托盘补货

整托盘补货就是以托盘为单位进行补货。托盘由地板堆放保管区运到地板堆放动管区，拣货时把托盘上的货箱置于中央输送机送到发货区。这种方式适于体积大或出货量多的货品。整托盘补货示意图见图6-5。

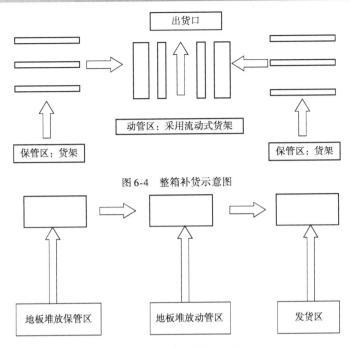

图6-4 整箱补货示意图

图6-5 整托盘补货示意图

3)料架上层至下层补货

保管区与动管区属于同一货架,也就是将同一货架中下层作为动管区上层作为保管区,而进货时则将动管区放不下的多余货箱放到上层保管区。这种方式适于体积不大、存货量不高,且多为中小量出货的货物。料架上层至下层补货示意图见图6-6。

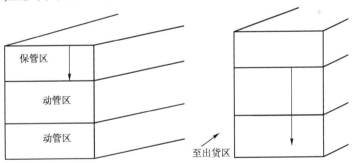

图6-6 料架上层至下层补货示意图

3.补货作业的时机

1)批次补货

采用批次补货方式,需要每天由电脑计算所需货物的总拣取量,从而在拣货之前一次性补足,以满足全天拣货量。这种方式适于一天内作业量变化不大,紧急插件不多,或是每批次拣取量大的情况。

2)定时补货

把每天划分为几个时点,补货人员在时段内检查动管拣货区货架上的货品存量,若不足则及时补货。适于分批拣货时间固定,且紧急处理较多的配送中心。

3)随机补货

采用随机补货方式,需要指定专门的补货人员,随时巡视动管拣货区的货品存量,发现不足则随时补货。这种方式适于每批次拣取量不大,紧急插件多以至一日内作业量不易事先掌握的情况。

4.补货作业流程

当客户发出订货请求,仓管员就要检查拣货区的存货情况。如果货物充足,则直接给客户送货,若货物不足,则选择恰当的补货时机和补货方式补货。补货作业流程如图6-7所示。

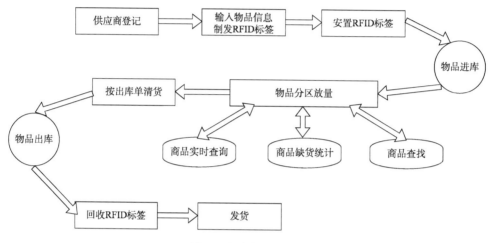

图6-7 补货作业流程图

三、小组讨论

(1)填写补货单(表6-4)。

表6-4

类别				补货日期/时间:			本单编号:	
项次	存放储位	品名	货品编号	货源储位	单位	要数量	实发数量

点收: 经办:

(2)补货作业分为哪几类?

(3)补货作业的时机有哪几种?

_____
_____

(4)画出补货作业流程图。

四、制订方案

(1)分好角色准备扮演。

(2)明确组员角色与任务分工,具体分工如下:

①信息员:给仓管员提供补货信息。

②仓管员:完成补货作业。

③观察员:认真观察并记录信息员和仓管员的举动,并在补货作业完成后点评。

五、实施方案

按照已制订好的方案进行练习,各组派代表上台展示。

六、评价反馈

当一组同学操作时,另一组同学按照表6-5的评分标准进行评分。

任 务 评 价 表　　　　　　　　　　　　表6-5

班级:　　　　　　　　　　　组别:　　　　　　　　　　姓名:

序号	作业项目	考核内容	配分	评分标准	评分记录	扣分	得分
1	阐述补货相关概念	补货相关概念的理解	15	每错、漏一项扣3分,扣完为止			
2	填写补货单	补货单的填写	10	每少一流程扣5分			
				每个流程作业不全面扣1~4分			
3	列举补货作业分类	补货作业的分类	15	每错、漏一项扣5分,扣完为止			
4	列举补货作业的时机	补货作业的时机	15	每错、漏一项扣5分,扣完为止			

续上表

序号	作业项目	考核内容	配分	评分标准	评分记录	扣分	得分
5	画出补货作业流程图	补货作业流程图	20	每错、漏一项扣5分,扣完为止			
6	安全文明生产	遵守安全操作规程,正确使用设备、操作现场整洁	10	每项扣5分,扣完为止			
		安全用电,防火,无人身、设备事故	10	因违规操作发生重大人身和设备事故,此题按0分计			
7	团队合作能力	团队合作意识,注重沟通,能自主学习及相互协作	5	不参加者或中途离开者扣2分			
8	合计		100				

学习任务3 分拣作业

学习目标

(1)了解电子标签拣货系统及其分类。
(2)掌握摘果式和播种式拣取方式的概念、工作原理、工作流程、特点及使用范围。
(3)了解分拣策略。
(4)懂得归纳和总结。

建议课时:6课时
学习地点:多媒体教室

学习准备

(1)设备:多媒体、分拣作业资料、电脑。
(2)学生分组:每六个学生为一组。

一、任务引入

2014年9月25日,新世纪物流中心收到沃尔玛的拣货订单(图6-8),需要在9月26日配送到超市,这时仓管主管李玲安排拣货员刘刚立即拣货。

配送部拣货单

拣货单编号：JH2014092501＿＿＿＿＿＿＿　订单编号：DD2014092501　配货月台：

出货日期：2014 年 9 月 26 日

用户名称	沃尔玛		地址	南宁市朝阳路 11 号		电话	13598240935
拣货日期	2014 年 9 月 25 日至　　年　月　日					拣货人	刘刚
核查时间	2014 年 9 月 26 日至　　年　月　日					核查人	李玲
序号	储位号码	商品名称	规格型号	商品编码	包装单位	数量	备注
					箱　整托盘　单件		
01	A301	创维电视机	42 寸	CW42	件	50	
02	B202	飘柔洗发水	250mL	PR250	整托	35	
03	D204	天然矿物质水	250mL	TR250	箱	150	
备注	9 月 26 日务必送到沃尔玛超市仓库						
托运人（签章） 日期：＿＿年＿＿月＿＿日				托运人（签章） 日期：＿＿年＿＿月＿＿日			

图 6-8　配送部拣货单

二、知识链接

1. 拣货设备——电子标签拣货系统

电子标签拣货系统的工作原理是通过电子标签进行出库品种和数量的指示，从而代替传统的纸张拣货单，提高拣货效率。电子标签在实际使用中，主要有如下两种方式——DPS 和 DAS。

1）DPS

DPS 方式就是利用电子标签实现摘果法出库。采用摘果法出库的前提是要在仓库管理中实现库位、品种与电子标签对应。出库时，出库信息通过系统处理后传到相应库位的电子标签上，显示出该库位存放货品需出库的数量，同时发出光、声音信号，指示拣货员完成作业。DPS 使拣货人员无须费时去寻找库位和核对商品，只需核对拣货数量，因此在提高拣货速度、准确率的同时，还降低了人员劳动强度。采用 DPS 时可设置多个拣货区，以进一步提高拣货速度。

2）DAS

DAS 方式是另一种常见的电子标签应用方式。同 DPS 一样，DAS 也可多区作业，提高效率。

一般来说，DPS 适合多品种、短交货期、高准确率、大业务量的情况；而 DAS 较适合品种集中、多客户的情况。

无论采用 DPS 还是 DAS，都可以提高拣货效率。据统计，采用电子标签拣货系统可使拣货速度至少提高一倍，准确率提高 10 倍。

2. 常见分拣作业的形式

1) 订单拣取——摘果式

订单拣取,俗称"摘果式拣取",是指针对每一份订单,作业员巡回于仓库内,按订单所列的商品及数量,将客户所订购的商品逐一从仓库储位或其他作业区中取出,然后集中的一种拣货方式。按订单拣货作业如图6-9所示。

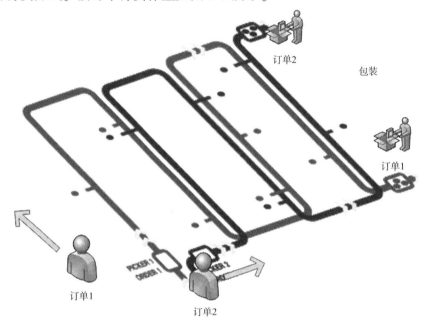

图6-9 按订单拣货(摘果式)

其作业原理是分拣人员或分拣工具巡回于各个储存点,按订单所列商品及数量,先将客户所订购的商品逐一由仓库储位或其他作业区中取出,然后集中在一起的拣货方式。按单分拣作业原理如图6-10所示。

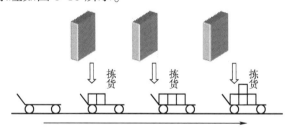

图6-10 按单分拣作业原理

图6-11是按单分拣作业流程图。

2) 批量拣取——播种式

批量拣取又称"播种式",是把多张订单集合成一批次,按商品品种类别将数量加总后再进行分拣,分拣完后再按客户订单进行分类处理的拣货作业方式。按批量拣货作业方式如图6-12所示。

按批量拣货原理如图6-13所示。

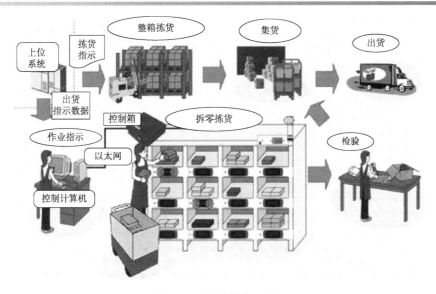

图 6-11　按单分拣作业流程

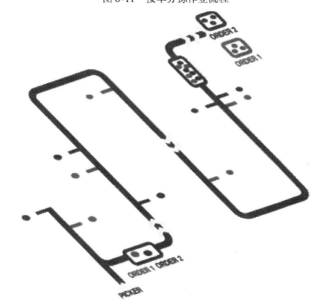

图 6-12　按批量拣货(播种式)

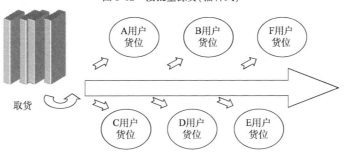

图 6-13　按批量拣货原理

图 6-14 为按批量拣货流程图。

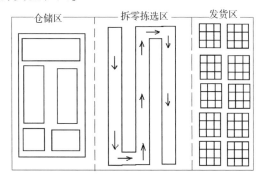

图 6-14 按批量拣货作业流程

3）两种拣选方式比较（图 6-15）

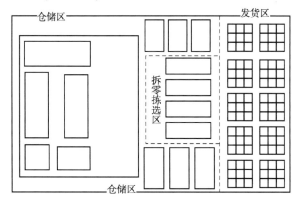

图 6-15 两种拣选方式比较

3. 分拣策略

决定分拣策略的四个主要因素分别为：分区、订单分割、订单分批、分类。而这四个因素之间存在互动关系，在确定运用何种拣货策略时，必须按一定的顺序，才能使其复杂程度降到最低。

1）分区

分区是指将拣货作业按拣货单位、拣货方式或工作分区，以提高拣货作业效率。

2）订单分割

当订单所订购的商品项目较多，或设计一个及时快速处理的拣货系统时，为使其能在短时间内完成拣货处理，利用此策略将订单切分成若干个子订单，交由不同的拣货人员同时进行拣货作业以加速拣货的速度。

3）订单分批

订单分批即是为了提高拣货作业效率而把多张订单集合成一批，进行批次拣取作业。

4）分类

在拣取时先将货品分类到各订单中，或分批依合计量拣取后，再进行集中分类。

图 6-16 是分拣策略运用的组合图,从左至右是分拣策略运用时所考虑的一般次序,可以相互配合的策略方式用箭头连接,所以任何一条由左至右可通的组合链就表示一种可行的分拣策略。

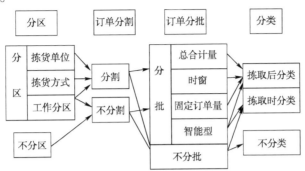

图 6-16 分拣作业运用组合

三、小组讨论

(1) 电子标签拣选系统在实际工作的方式有哪些?

_____
_____
_____

(2) 画出摘果式和播种式拣取方式的工作流程。

_____
_____
_____
_____

(3) 列出摘果式和播种式拣取方式的特点及适用范围。

_____
_____
_____

(4) 列出分拣策略。

_____
_____
_____

四、制订方案

(1) 六个学生为一组作为本任务的学习小组。
(2) 讨论小组讨论问题并记录讨论内容。
(3) 根据记录情况写出各个问题的答案。

五、实施方案

按照已制订好的方案来进行讨论,并上交讨论结果。

六、评价反馈

当一组同学操作时,另一组同学按照表6-6的评分标准进行评分。

任务评价表   表6-6

班级: 组别: 姓名:

序号	作业项目	考核内容	配分	评分标准	评分记录	扣分	得分
1	阐述电子标签拣选系统在实际工作的方式有哪些	电子标签拣选系统在实际工作的方式	20	每错、漏一项扣3分,扣完为止			
2	画出摘果式和播种式拣取方式的工作流程	摘果式和播种式拣取方式的工作流程	15	每少一流程扣5分			
				每个流程作业不全面扣1~4分			
3	列出摘果式和播种式拣取方式的特点及适用范围	摘果式和播种式拣取方式的特点及适用范围	25	每错、漏一项扣5分,扣完为止			
4	列出分拣策略	分拣策略	15	每项扣5分,扣完为止			
5	安全文明生产	遵守安全操作规程,正确使用设备、操作现场整洁	10	每项扣5分,扣完为止			
		安全用电,防火,无人身、设备事故	10	因违规操作发生重大人身和设备事故,此题按0分计			
6	团队合作能力	团队合作意识,注重沟通,能自主学习及相互协作	5	不参加者或中途离开者扣2分			
7	合计		100				

学习任务 4　流 通 加 工

学习目标

(1) 理解流通加工的概念。
(2) 了解流通加工的流程。
(3) 学会区分流通加工和生产加工。
(4) 理解流通加工的作用。
(5) 增强竞争意识和团队合作精神。

建议课时:4 课时
学习地点:多媒体教室

学习准备

(1) 设备:白纸、笔、多媒体、电脑、互联网、流通加工资料。
(2) 学生分组:每 5 个学生组成一个学习小组。

一、任务引入

2011 年 1 月 21 日,客户沃尔玛致电新世纪物流中心,在 2011 年 1 月 23 日,沃尔玛将对唐朗乐队和黑豹乐队的唱片进行一次促销活动,购买 DVD 即赠送一张乐队的宣传海报和一个吉祥物。新世纪物流中心需根据客户要求从电子拣选区拣选出 DVD,同时准备相同数量的海报和吉祥物同 DVD 一起打包。操作完成后,需将这批货物入库上架。

仓库主管交给仓管员张力的流通加工单如表 6-7 所示,张力需要按照此订单结合仓储管理系统完成流通加工任务。

新世纪物流中心流通加工单　　　　　　　　　表 6-7

货　物　名　称	批次	单位	数量	质量	源　储　区	源储位
唐朝乐队 - 浪漫骑士 - DVD	2011	个	3	正品	电子拣选区	A00000
唐朝乐队 - 梦回唐朝 - DVD	2011	个	2	正品	电子拣选区	A00001
黑豹乐队 - 无事无非 - DVD	2011	个	1	正品	电子拣选区	A00002
黑豹乐队 - 光芒之神 - DVD	2011	个	2	正品	电子拣选区	A00003
黑豹乐队 - 狂飙激情 - DVD	2011	个	5	正品	电子拣选区	A00004
加工要求	准备相同数量海报和吉祥物同 DVD 一起打包					
客户名称	沃尔玛					
采购订单号	20110121111					
客户指令号	20110121112					

续上表

货 物 名 称	批次	单位	数量	质量	源 储 区	源储位
库房名称	新世纪物流中心					
订单来源	电话					
紧急程度	一般					
加工类型	包装					
下达时间	2011年1月21日					

二、知识链接

1. 流通加工的概念

《中华人民共和国国家标准物流术语》(GE/T18354—2006)中把流通加工定义为：物品在从生产地到使用地的过程中，根据需要施加包装、分割、计量、分拣、刷标志、拴标签、组装等简单作业的总称。

流通加工是为了提高物流速度和物品的利用率，在物品进入流通领域后，按客户的要求进行的加工活动，即在物品从生产者向消费者流动的过程中，为了促进销售、维护商品质量和提高物流效率，对物品进行一定程度的加工。流通加工通过改变或完善流通对象的形态来实现"桥梁和纽带"的作用，因此流通加工是流通中的一种特殊形式。随着经济增长，国民收入增多，消费者的需求出现多样化，促使在流通领域开展流通加工。流通加工基本作业流程见图6-17。

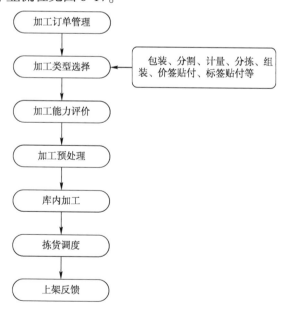

图6-17 流通加工基本作业流程图

2. 流通加工的特点

与生产加工相比较，流通加工具有以下特点：

(1) 从加工对象看,流通加工的对象是进入流通过程的商品,具有商品的属性,以此来区别多环节生产加工中的一环。流通加工的对象是商品,而生产加工的对象不是最终产品,而是原材料、零配件或半成品。

(2) 从加工程度看,流通加工大多是简单加工,而不是复杂加工,一般来讲,如果必须进行复杂加工才能形成人们所需的商品,那么,这种复杂加工应该专设生产加工过程。生产过程理应完成大部分加工活动,流通加工则是对生产加工的一种辅助及补充。特别需要指出的是,流通加工绝不是对生产加工的取消或代替。

(3) 从价值观点看,生产加工的目的在于创造价值及使用价值,而流通加工的目的则在于完善其使用价值,并在不做大的改变的情况下提高价值。

(4) 从加工责任人看,流通加工的组织者是从事流通工作的人员,能密切结合流通的需要进行加工活动。

(5) 从加工单位来看,流通加工由商业或物资流通企业完成,而生产加工则由生产企业完成。

(6) 从加工目的看,商品生产是为交换、为消费而进行的生产,而流通加工的一个重要目的是为了消费(或再生产)所进行的加工,这一点与商品生产有共同之处。但是流通加工有时候也是以自身流通为目的,纯粹是为流通创造条件,这种为流通所进行的加工与直接为消费进行的加工在目的上是有所区别的,这也是流通加工不同于一般生产加工的特殊之处(图6-18)。

对比	流通加工	生产加工
从加工对象看	流通加工的对象是进入流通过程的商品	生产加工的对象是原材料、零配件或半成品
从加工程度看	流通加工大多是简单加工	复杂加工
从价值观点看	流通加工的目的则在于完善其使用价值	生产加工的目的在于创造价值及使用价值
从加工责任人看	流通加工的组织者是从事流通工作的人员	生产工人
从加工目的看	为流通创造条件	为实现利润创造条件

图 6-18

3. 流通加工的作用

1) 提高原材料利用率

通过流通加工进行集中下料,将生产厂商直接运来的简单规格产品,按用户的要求进行下料。例如将钢板进行剪板、切裁;木材加工成各种长度及大小的板、方等。集中下料可以优材优用、小材大用、合理套裁,明显地提高原材料的利用率,有很好的技术经济效果。

2) 方便用户

用量小或满足临时需要的用户,不具备进行高效率初级加工的能力,通过流通加工可以使用户省去进行初级加工的投资、设备、人力,方便了用户。目前发展较快的初级加工有:将水泥加工成生混凝土、将原木或板、方材加工成门窗、钢板预处理、整形等加工。

3)提高加工效率及设备利用率

在分散加工的情况下,加工设备由于生产周期和生产节奏的限制,设备利用时松时紧,使得加工过程不均衡,设备加工能力不能得到充分发挥。而流通加工面向全社会,加工数量大,加工范围广,加工任务多。这样可以通过建立集中加工点,采用一些效率高、技术先进、加工量大的专门机具和设备,一方面提高了加工效率和加工质量,另一方面还提高了设备利用率。

三、小组讨论

(1)写出流通加工的概念。

_____
_____
_____

(2)画出流通加工的流程图。

(3)列出流通加工和生产加工的区别。

对比	流通加工	生产加工

(4)阐述流通加工的作用。

_____
_____

四、制订方案

(1)每5个同学组成一组,其余同学作为评审老师和裁判团。

(2)评审老师准备好题目。

_____
_____

(3) 裁判团订好知识竞赛规定。

_____
_____
_____
_____

(4) 每个学习小组认真学习流通加工资料，并上网搜索对本小组任务有价值的信息。

(5) 每个小组都参加比赛。评审团根据每个小组的表现情况酌情打分，并评选出优秀的团队。

五、实施方案

按照已制订好的方案来进行练习。

六、评价反馈

当一组同学在操作时，另一组同学按照表6-8的评分标准进行评分。

任 务 评 价 表　　　　　　　　　　表6-8

班级：　　　　　　　　组别：　　　　　　　　姓名：

序号	作业项目	考核内容	配分	评分标准	评分记录	扣分	得分
1	阐述流通加工的概念	流通加工的概念	20	每错、漏一项扣3分，扣完为止			
2	画出流通加工的流程	流通加工的流程	25	每少一流程扣5分			
				每个流程作业不全面扣1~4分			
3	列出流通加工和生产加工的区别	列出流通加工和生产加工的区别	30	每错、漏一项扣5分，扣完为止			
4	阐述流通加工的作用	流通加工的作用	20	每项扣5分，扣完为止			
5	团队合作能力	团队合作意识，注重沟通，能自主学习及相互协作	5	不参加者或中途离开者扣2分			
6	合计		100				

学习任务5 配货作业

学习目标

(1)了解配货作业的工作方法。
(2)了解配货作业的原则。
(3)学会利用互联网检索资料。
(4)学会与人合作。

建议课时:4课时
学习地点:多媒体教室

学习准备

(1)设备:电脑、多媒体设备、配货作业资料、互联网。
(2)学生分组:每5个学生组成一个学习小组。

一、任务引入

2011年1月22日上午,新世纪物流中心的仓管员张力接到备货作业指令,要求在22日15:00之前完成备货作业。张力要怎样做才能按时完成任务呢?

二、知识链接

1.配货作业的工作方法

配货作业是指把拣取分类完成的货品经过配货检验过程后,装入容器和做好标示,再运到配货准备区,等待装车后发运。

目前,配货作业基本上都是采用机械化的设备,主要采用以下两种方法进行配货。

1)播种式

采用播种式配货作业,要先将需要配送数量较多的同种商品集中搬运到发货场所,然后将每种货物所需的数量取出,分别放到货位处(每一货位对应一分店),直至配货完毕。然后再将下一种商品按上述方法在每货位上分配。

2)摘果式

采用摘果式配货作业方式,搬运车往返于保管场所,按分店要求从某个货位上取下某种商品巡回完毕后就完成了一个分店的配货,接着再对下一个分店配货。

播种式适合于品种少,分店多的快递配货。摘果式适合于品种多,分店少的物流配货。发货是配送中心管理的最后一道环节。

2.配货作业的原则

配货作业的基本任务是保证配送业务中所需的商品品种、规格、数量

在指定的时间内组配完全并装载完毕。为了顺利完成配货任务,在配货过程中须遵循以下原则:

1) 准时性原则

准时性原则是保证配送企业利益及客户需求都得以满足的双赢原则。

2) 准确性原则

仓库物品种繁多,每天有大量的货物进出,为了保证作业质量,在配货过程中必须遵循准确性的原则,将正确的货物、品种、数量及时送到客户手中。

3) 可靠性原则

在配货过程中,货物的装卸作业、分货过程中的机械振动和冲击及其他意外事故、作业人员的素质等都可能损坏货物,因此要坚持可靠性的原则,确保货物在配货过程中保持完好。

4) 方便性的原则

在配送商品中,有些商品是常需产品或畅销品,有些商品则相反,配送企业在摆放商品时,要根据配送商品的配送规律合理进行摆放。

5) 优先性原则

对于下列客户,配送企业可以优先进行配货:

(1) 具有优先权的客户;

(2) 依据客户等级划分,重要性程度较高的客户;

(3) 依据交易量或交易金额划分,对公司贡献最大的客户;

(4) 依据客户信用状况划分,信用较好的客户;

(5) 情况较为紧急的客户。

6) 经济性原则

企业运作的基本目标是实现一定的经济利益,所以,配货不能仅满足客户的要求,提供高质量、及时方便的服务,还必须提高效率,加强成本管理与控制。

三、小组讨论

(1) 配货作业工作的方法有哪些?

_____

_____

_____

(2) 列举配货作业的原则。

_____

_____

_____

(3)检索有关配货作业的案例。

四、制订方案

(1)学生5人组成一个学习小组。
(2)每个小组都检索有关配货作业的资料。
(3)整理资料并做成PPT。

五、实施方案

按照已制订好的方案来进行练习,并每组派代表上台展示。

六、评价反馈

当一组同学在操作时,另一组同学按照表6-9的评分标准进行评分。

任 务 评 价 表　　　　　　　　　　　　　　　　表6-9

班级：　　　　　　　　　　　组别：　　　　　　　　　　姓名：

序号	作业项目	考核内容	配分	评分标准	评分记录	扣分	得分
1	阐述配货作业工作的方法	配货作业工作的方法	20	每错、漏一项扣3分,扣完为止			
2	列举配货作业的原则	配货作业的原则	25	每少一流程扣5分			
				每个流程作业不全面扣1~4分			
3	检索有关配货作业的案例	检索能力	30	每个案例10分			
4	安全文明生产	遵守安全操作规程,正确使用设备、操作现场整洁	10	每项扣5分,扣完为止			
		安全用电,防火,无人身、设备事故	10	因违规操作发生重大人身和设备事故,此题按0分计			
5	团队合作能力	团队合作意识,注重沟通,能自主学习及相互协作	5	不参加者或中途离开者扣2分			
6	合计		100				

参 考 文 献

[1] 宋洋.物流情景综合实训.北京:清华大学出版社,2011.
[2] 姜大立,姜玉宏.物流仓储与配送管理实训.北京:中国劳动社会保障出版社,2006.
[3] 李盾.现代物流管理.北京:中国劳动社会保障出版社,2006.
[4] 丁立言,张译.仓储规划与技术.北京:清华大学出版社,2002.